아파트 매도의 기술

아파트 매도의 기술

초판 1쇄 인쇄 2023년 10월 16일
초판 1쇄 발행 2023년 10월 23일

지은이 라비에르(이승률)
펴낸이 이종두
펴낸곳 (주)새로운 제안

책임편집 엄진영
본문디자인 보통스튜디오
표지디자인 김보라
영업 문성빈, 김남권, 조용훈
경영지원 이정민, 김효선

주소 경기도 부천시 조마루로385번길 122 삼보테크노타워 2002호
홈페이지 www.jean.co.kr
쇼핑몰 www.baek2.kr(백두도서쇼핑몰)
SNS 인스타그램(@newjeanbook), 페이스북(@srwjean)
이메일 newjeanbook@naver.com
전화 032) 719-8041
팩스 032) 719-8042
등록 2005년 12월 22일 제386-3010000251002005000320호

ISBN 978-89-5533-645-0(13320)

이승률
(라비에르)
지음

아파트 매도의 기술

새로운제안

프롤로그

매 도 도 기 술 이 되 어 야 하 지 않 을 까 ?

과거, 현재, 미래 그 시점이 어디든 간에 부동산에 투자하는 사람들의 고민은 똑같다. 언제 부동산을 사고 언제 팔아야 하는지에 대한 결정이다. 그리고 사고파는 과정에서 더 어려운 과정이 존재한다. 바로 매도이다. 매수는 무언가를 새로 구매한다는 것에 대한 행복과 기대감을 바탕으로 웃으면서 시작하는 과정인 반면 매도는 가지고 있던 것을 떠나보내는 과정이자 때로는 매수 시 목표한 것을 달성하지 못하는 불운과 아픔의 결과로 이어지기 때문이다. 심지어 "매수는 기술, 매도는 예술"이라는 부동산 격언처럼 다양한 분석기법이 존재하는 매수와는 달리 매도는 아무리 잘하려고 해도 잘할 수 없는 예술적 재능 영역으로 인식되는 것을 보면 매도가 어렵다는 것을 알 수 있다.

부동산 매도가 어려운 이유가 무엇일까? 곰곰이 생각해보면 매도에 대한 학습의 기회와 도구가 부족했던 것이 아닐까 생각한다. 매수는 다양한 서적이나 강의를 통해 쉽게 접할 수 있고 널리 알려진 매수기법도 존재하지만, 매도는 관련 자료나 정보 자체가 지금까지 사실상 전무에 가까운 상황이다. 물론 매도에 대한 연구가 다소 부족하였을 수도 있겠지만 매도로 인해 승자와 패자가 결정되는 투자 세계에서 승자들만이 독식하던 지식이지 않았을까?

이 책은 투자 세계에 첫발을 내딛은 초보부터 매도를 어려워하고 있는 많은 사람들에게 조금이라도 도움이 될 만한 내용을 전달하기 위하여 집필되었다. 시중에 나와 있는 단순 후기 위주의 책이 아니라 실제 사람들이 매도를 어려워하는 이유에 대해 쉽게 읽힐 수 있도록 기술하였다. 또한, 기술적 분석을 통한 체계적인 공부 영역까지 다루었다. 그 결과, 단순히 예술로 치부하여 어렵다는 인식을 가지고 살아가는 것을 벗어나 기술적 영역으로 이끌어 누구나 매도에 대해 잘 할 수 있도록 구성했다.

매도를 잘해야만 진정한 부자로 거듭날 수 있다

본문에서는 매도에 밀접한 영향을 끼치는 심리 분석, 사이클 분석, 절세전략과 더불어 마음을 사로잡는 인테리어 방법으로 구성되어 있다.

1장에서는 매도를 잘할 수 없도록 만드는 인간의 심리와 더불어 각종 상황과 심리를 극복하여 매도로 나아갈 수 있는 방향을 제시한다.

2장에서는 개별 상황에 따라 매도가 중요한 이유를 소개하면서 부동산은 무조건 모아야 한다는 생각에서 벗어나 투자의 기본 원칙을 다시 상기하며 구체적으로 매도해야 하는 이유를 알려준다.

3장에서는 사람들이 어려워하는 매도 타이밍 잡는 방법과 더불어 매도 후 대응 전략을 소개한다. '언제'라는 시기를 포착하기 위해 알아야 할 핵심 개념인 부동산 사이클을 살펴보고, 부동산 사이클별 매도 전략과 투자 전략을 상세하게 소개한다.

4장에서는 다양한 기술적 분석 방법을 다룬다. 각 지표들_{매수우위지수, 거래량, 미분양 등}을 데이터적 관점에서 분석하여, 부동산 시장의 흐름 변화와 언제 매도해야 하는지의 타이밍 분석 방법을 소개한다.

5장에서는 모두가 어려워하나 반드시 알아야 하는 매도 특화 세법을 소개하였다. 이를 통해 최종 매도 이후 내 수중에 수익이 더 많이 남을 수 있는 방법을 다룬다.

6장에서는 매수자의 첫 인상을 사로잡을 수 있는 인테리어를 소개하면서 매도시 자신의 아파트 가치를 높일 수 있는 인테리어 전략을 다룬다.

매도는 어떤 행위보다 결정권이 내 손에 달려있다. 남에게 도움을 받을 수도 있겠지만 부동산 시장에서 꾸준히 수익을 얻기 위해서는 결국 매도에 대한 전반적인 내용을 공부하여 나만의 방법을 터득해야 한다. 따라서, 이 책에서는 스스로 상황을 분석하고 실제 상황에 적용할 수 있는 실용적인 내용으로 구성하였다. 물론 한 권의 책에 매도에 대한 모든 정보를 담을 수 없겠지만, 아파트 매도 시 반드시 알아야 할 내용을 전달하기 위해 노력하였다.

매도는 객관적인 자료를 바탕으로 어느 정도 예측이 가능한 만큼, 예술이 아닌 기술이다. 이 책이 매도의 기초 바이블로 활용되어 매도 계획부터 매도 완료 후 수익화까지 이룰 수 있는 깨달음의 산물로 거듭나길 희망한다.

마지막으로 오랜 기간 옆에서 응원해준 아내와 딸 그리고 묵묵히 지켜봐 주신 부모님과 누나 가족에게 고마운 마음을 전한다. 그리고 이 책이 출간 될 수 있도록 도움을 주신 출판사 관계자 여러분에게 감사의 말을 전하고 싶다.

이 책을 통해 모든 투자자가 행복해지고 나와 함께 하는 사람들 모두 즐거운 인생을 살아가길 바란다.

-라비에르

목차

프롤로그 4

1장 매도가 어려운 이유

01 매도는 원래 매수보다 어렵다. 13
02 주변 사람들이 누구냐에 따라 달라지는 매도 21
03 내가 살고 있는 곳이 최고라는 환상 27
04 언제든지 팔 수 있다는 착각 32

2장 매도가 중요한 이유

01 손실의 최소화를 위해서 41
02 기약없는 재건축, 기달릴만한 가치가 있을까? 50
03 투자금을 지켜야하는 이유를 절대 잊지마라 58
04 오를 가능성이 낮은 매물에 돈이 묶이지 않으려면 64

3장 매도를 잘 하기 위해 꼭 알아야 하는 부동산 사이클

01 부동산 사이클 이해하기 75
02 부동산 사이클의 변화와 시대별 정책 83
03 부동산 사이클을 파악하는 방법 90
04 부동산 사이클이 알려주는 시그널 95
05 부동산 사이클별 매도 및 투자 전략 121
06 심리 파악을 통한 효율적 투자 전략 143

4장   아파트 매도 전략 1 : 사이클과 개별 매물 분석

01 매수우위지수 분석 159

02 거래량 분석 166

03 미분양 분석 176

04 수요와 공급 분석 187

05 전세가율 분석 198

06 호가 방향성과 거래 가능 매물 분석 211

07 안전 마진 분석 218

5장   아파트 매도 전략 2 : 모르면 손해보는 세법

01 하락장에 힘이 되는 합산과세 매도 전략 229

02 1가구 1주택 비과세 매도 전략 236

03 일시적 1가구 2주택을 활용한 매도 전략 243

04 특수 관계인을 활용한 매도 전략 253

05 매도 날짜를 활용한 매도 전략 259

**6장   아파트 매도 전략 3 : 인테리어를 통한
             아파트 가치 올리기**

01 사람들의 시선을 끄는 인테리어 267

02 (1단계) 인테리어 예산 수립과 방향 설정 271

03 (2단계) 업체 선정 및 견적서 요청 준비하기 279

04 (3단계) 견적서 요청과 비교하기 287

05 (4단계) 비용 처리와 부가세납부 여부 검토 294

06 (5단계) 업체 선정과 계약서 작성 시 유의사항 301

07 (6단계) 인테리어 공정과 작업 일정 310

08 (7단계) 하자 확인 후 AS 요청과 잔금 처리하기 325

1장

매도가
어려운 이유

아 · 파 · 트 매 · 도 · 의 기 · 술

수익을 실현하기 위해서는 반드시 매도가 필요하다. 그런데 오늘도 많은
사람들은 여전히 매도를 어려워한다. 사람들이 매도를 잘 하지 못하는 이
유를 살펴보면서 동일한 상황에 처했을 때 대처하는 방법을 터득하여 성
공적인 매도를 하는 것이 중요하다.

매도는 원래
매수보다 어렵다.

요행을 바라는 투자자들의 모습

부동산은 오늘날 학습하고 배워야 할 필수 자산이다. 단순히 경제적인 가치를 지닌 재화의 역할을 넘어서 미래의 성공이나 부자로 이끌 수 있는 힘이 바로 부동산에서 나오기 때문이다. 돈을 처음 모으기 시작하는 젊은 세대부터 은퇴 후 노후를 준비하는 세대까지 중요하게 생각해야 할 대상이 바로 부동산이다. 그런데 주변을 둘러보면 부동산에 관하여 운이나 요행만 바랄 뿐 적극적인 자세로 배우려는 사람은 생각보다 많지 않다. 인생에서 가장 큰 돈이 들어가는 중요한 분야임에도 불구하고 철저한 검토보다는 즉흥적인 선택으로 계약하는 사람들의 모습을 흔히 볼 수 있다.

여러분은 부동산 분야에서 본인의 지식을 바탕으로 주도적인 투자를 하고 있는가? 그리고 적극적으로 시장에 참여하고 있는가? 두 개의 질문에 'YES'라고 자신있게 답변한다면 최소한 자신의 상황을 더 나은 방향으로 이끄는 성공적인 투자를 진행하고 있을 가능성이 높다. 반면, 둘 다 'NO'라는 대답을 했다면 냉정하게 자신의 현재 상황에 계속 머물러 있을 가능성이 높다. 그래서 지금이라도 부동산에 대한 지식수준과 태도를 돌아보고 나는 어떤 투자자에 속하는지 알아야 한다.

경험이나 지식으로 나눌 수 있는 투자자 등급

부동산 투자에는 경험과 지식을 바탕으로 나눌 수 있는 5가지 투자자 등급이 존재한다. 바로 미경험자, 초보자, 초보 탈출자, 중수 그리고 고수이다. 첫째, 미경험자는 말 그대로 부동산 투자를 한 번도 해본 적이 없는 사람이다. 사회 경험이 오래되지 않아 모아둔 돈이 없거나 투자할 수 있는 여유자금은 있는 반면 투자 자체가 위험하다는 이유로 아무것도 안하는 사람들이 해당한다. 또한 부동산 투자에는 전혀 관심이 없는 반면 주식이나 코인 등 타 분야에 투자하는 사람들 역시 미경험자에 속한다.

둘째는 초보자이다. 부동산의 투자 경험은 많지 않으나 한 번

아파트 매도의 기술

이라도 계약서를 작성해 본 사람이다. 투자에 대한 지식과 경험이 많지 않다보니, 독립이나 결혼과 같은 상황에서 부모님에 이끌려 시작하는 경우가 대다수이다. 간혹 부동산 상승장에서 자발적으로 참여하는 사람들이 존재하나, 투자 확신이 부족하여 선택의 단계에서 주변사람들이나 전문가들에게 의지하려는 성향을 보인다. 아직 혼자 스스로 투자하기에는 부족한 수준이나 투자에 대한 열린 사고가 가능한 만큼 교육이나 독서를 통해 투자원칙을 설정하기에 최적의 단계가 바로 초보자 시절이다.

셋째는 초보 탈출자이다. 몇 번의 투자 경험으로 인해 스스로 계약서를 작성하거나 등기사항전부증명서 정도는 볼 정도의 능력을 갖춘 사람이다. 초보자 시절 매수한 부동산이 우연히 상승장에 진입하면서 가격이 오르는 초심자의 행운을 겪은 후 자신감을 가지고 여러 번 투자한 부류이기도 하다. 그래서 조금만 더 투자하면 '돈을 벌겠구나'라는 믿음이 생기는 시기이며, 주변에 생각보다 나만큼 투자해본 사람도 많지 않다는 자부심 역시 높아지는 단계이기도 하다. 여전히 경험과 내공이 더 필요하며 겸손한 마음으로 투자에 임해야 하나, 자신의 성공기에 취해 게을러지기도 하고 투자가 별거 아니라는 생각이 드는 사람들도 존재한다. 다양한 부동산 시장의 변화를 경험하지 못하고 투자의 무서움을 아직까지 경험하지 못했을 가능성이 높은 만큼, 선무당이 사람 잡지 않기 위해 주의해야 할 시기가 바로 초보 탈출자 단계이다.

넷째, 중수이다. 이 단계부터는 부자가 될 수 있다는 자기 확신이 만들어지는 시기이다. 선택한 부동산을 왜 사고 팔아야 하는지 자신만의 비법을 실전에 적용하면서 투자를 한다. 특히, 갭투자/재개발/재건축/분양권/경매 등 스스로 선호하는 투자 방식이 결정되고 그 분야의 노하우를 터득하여 이익을 실현하는 수준에 도달한다. 그래서 전업 투자자로 전환하여 인생을 살아볼까라는 고민을 하는 시기가 주로 중수 단계부터 시작된다. 자신이 집중하는 투자 방식의 성공을 바탕으로 점차 부의 수준을 더 높은 단계예, 상가→건물로 전환하는 것이 필요하며, 진정한 부자의 길로 진입하느냐를 판가름하는 결정적인 시기가 바로 중수단계이다.

마지막으로 고수이다. 우리 주변에는 쉽게 만나볼 수 없는 존재이다. 상승장과 하락장을 여러 번 경험하면서 투자에 대한 명확한 경험과 지식을 바탕으로 쉽게 흔들리지 않는 내공을 지닌다. 지속적인 부의 창출이 가능하며 투자 수익이 예상될 수 있는 상황이라면 종합부동산세를 수억 원씩 납부하면서도 과감한 투자 결정을 하는 부류이다. 고수의 반열에 오른 사람들은 주택아파트, 오피스텔 등 수준의 투자를 벗어나 대대손손 보유하면서 안정적인 수익이 발생할 수 있는 건물이나 빌딩을 보유할 가능성이 높

다. 현실적으로 이 수준부터는 돈에 대한 고민의 단계를 넘어서
행복하고 건강한 삶이 인생에서 중요한 가치로 인식되는 단계가
바로 고수 단계이다.

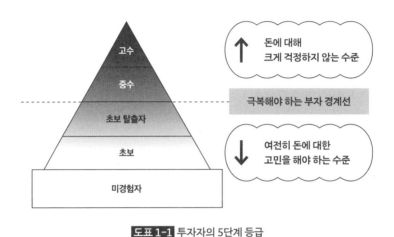

도표 1-1 투자자의 5단계 등급

누구에게나 매도가 매수보다 더 어렵다

'매수는 기술, 매도는 예술'이란 말이 있다. 이는 매도가 어렵다
는 사실을 표현하는 명언으로 우리가 매도를 잘 하지 못하는 이
유를 대변하기도 한다. 특히 부동산 시장에 관심 있는 사람들은
정확한 지식은 없어도 감이라는 본능을 통해 매수를 한다. 하지
만 매도 타이밍은 아무리 부동산을 많이 경험해도 쉽게 감이 안
잡히는 경우가 허다하다. 그래서 매도는 많은 경험과 더불어 지
식이 무엇보다 중요하며, 후회없는 매도를 위해서는 최소한 매

도와 매수의 기본적인 차이부터 이해할 필요가 있다.

먼저 협상의 주도권에서 차이가 존재한다. 매수는 한명의 매수자가 다수의 매도자를 상대하는 과정이기 때문에 여러 매물 중 최종 매물을 선택하는 지에 대한 주도권이 매수자에게 달려 있다. 시장의 모습이 상승장인지, 하락장인지에 따라 일부 달라지겠지만 매수자는 마음에 드는 매물을 고른 후 가격을 조정하거나 최종 매수 선택을 보류할 결정권 역시 갖는다. 반면, 매도는 다수의 매도자간의 경쟁 속에서 한명의 매수자를 찾아야 하는 과정이다. 시장의 분위기에 따라 크게 좌우되기도 하고 매수자가 나타나더라도 내가 보유한 매물이 선택되어야만 매도가 이루어진다.

또한 매도는 수익을 실현시키는 최종 단계인 만큼 투자자의 심리가 매도를 어렵게 만드는 요인으로 작용한다. 특정 기간 내 매도를 급하게 할 수 밖에 없는 개인적인 이유가 있다면, 매수자와의 심리싸움에서는 무조건 지고 들어가게 된다. 또한 과거 고점 대비 떨어지게 되면 떨어진 가격에만 연연하게 된다. "그 때 팔았으면 지금보다 더 수익을 봤을 텐데"라는 생각에 사로잡혀 매도라는 행동으로 나서지 못하는 것이다. 심지어 손절이 좋은 시기임에도 "손해 보고 팔지 않겠다."라는 잘못된 오기가 발동하여 현명하지 못한 결과를 맞이하게 된다.

아파트 매도의 기술

당장이라도 매도 공부를 시작하라

이처럼 매도는 어려울 뿐만 아니라 최종 결과를 좌우하는 만큼, 지금이라도 당장 매도 공부를 시작해야 한다. 최종 투자의 완성은 매도 계약서에 도장을 찍는 순간 결정되며, 어떤 타이밍에 매도했느냐에 따라 큰 수익의 차이가 발생한다. 부동산을 보유한 사람이라면 시장이 좋지 않더라도 개의치 말고 지금 당장이라도 공부해라. 부동산에 관심이 멀어진 시기에도 묵묵히 공부하여 쌓은 지식은 시장 분위기가 좋아질 때 매도를 통해 자산을 증식시키는 핵심적인 도구로 활용될 것이다.

아직까지 매수 경험이 없는 사람도 공부를 시작해보자. 물론 "아직 매수도 안 해 봤는데 매도 공부를 먼저 해야 한다고?"라는 의문을 가질 수 있다. 하지만, 이 책을 읽고 있는 사람이라면 현재 보유한 부동산이 없더라도, 부동산 투자에 관심이 있는 부류일 것이다. 언젠간 다가올 매수/매도과정에서 성공적인 투자 성과를 얻는데 필요한 매도의 기초 체력을 쌓는 것이 중요하다.

투자 그리고 부동산 세계에 있어 매도에 대한 선택은 자신에게 달려 있다. 남에게 의지해서 매수는 가능하지만 수익이나 손실이 확정되는 매도는 남이 대신해 줄 수 없다. 스스로 판단하고 선택한 결과가 틀리든 맞든 본인에게 책임이 있는 것이다. 결정의 무게감이 크게 느껴지지 않는가? 공부가 힘들어도 나와 우리 가족을 위해 투자한다고 생각하고 매도 공부에 집중해보자. 매도 공부는 미래의 투자 수익을 실현하는 데 핵심 지식으로 활용되어 여러분에게 큰 수익을 선사할 테니까 말이다.

02

주변 사람들이 누구냐에 따라 달라지는 매도

주변의 말에 휘둘리는 인간의 본성

인간은 감정의 동물이다. 특히 우리가 생각하는 것보다 훨씬 더 감정에 민감하게 반응하는데, 아무리 이성적으로 생각하려고 해도 무의식 세계에서 감정이 행동에 영향을 주게 된다. 특히 감정은 인간의 투자 의사 결정에서도 매우 결정적인 역할을 한다. 올바른 방향으로 선택하도록 유도하는 것보다는 오히려 판단을 흐리게 하고 이성적으로 결정하지 못하도록 방해한다. 두려움이나 후회, 탐욕과 같은 감정을 멀리하라는 이유가 바로 이 때문이다.

만약 투자 경험이 많지 않은 경우라면 감정에 휘둘릴 가능성이 더 높아진다. 그 과정에서 투자 결정에 대해 주변사람들과 이야기를 나누는 경우라면 더욱더 이성이 마비되는 상황으로 이어지기 쉽다. 스스로 합리적이고 상식적으로 행동하려고 해도 주변 사람들의 간섭이나 의견에 휘둘려 마음이 흔들리게 된다. 또한 처음의 판단이 오히려 냉철하고 객관적으로 내려졌음에도 자신의 판단을 믿지 못하는 행동으로 이어진다. 따라서, 누가 어떻게 조언하느냐에 따라 매도에 대한 선택 시 영향을 받을 수밖에 없는 이유는 우리가 감정을 지닌 인간이기 때문이다.

비전문가인 잔소리꾼의 조언이 매도에 미치는 영향

우리 주변에는 투자를 결정하는데 참견하거나 간섭하길 원하는 '비전문가 잔소리꾼'이 한명씩은 존재한다. 바로 가족이나 친구, 직장동료와 같은 사람들이다. 투자를 선택하는 단계에서 그들은 꼭 한마디라도 더 하고 싶어 하는 경향이 강하다. 상승장에서 매도를 검토하면 "더 오를 텐데 왜 팔아? 무조건 보유해야지. 부동산은 우상향이야"라고 이야기하곤 한다. 그런 잔소리꾼의 의견을 무시하고 매도를 선택하면 매도를 왜 했냐부터 시작해서 매도한 금액까지 마음에 안든다고 한소리 하는 건 일상 다반사다. 매도한 이후 잔소리꾼의 말처럼 가격이 상승하여 거래되기라도 한다면 자신의 말을 따르지 않은 것에 대한 설교가 시작된다. 하

아파트 매도의 기술

락장에서 매도를 검토하면 "일시적 하락이고 나중에 반등할 건데 왜 팔아"라고 말하면서 근거 없는 장기 보유의 위대함에 대해 전파하기도 한다.

그런데 전문가나 경험이 많은 사람이 아님에도 주변 사람들이 우리에게 툭 던지는 한마디는 주체적으로 결정하려는 행동의 기세를 꺾어 버리거나 망설이게 만든다. 물론 가끔 그들의 말 한마디를 믿고 따른 결과가 좋은 방향으로 흘러가기도 한다. 하지만 주변을 살펴봐라. 투자 귀재나 전문가가 될수록 투자의 어려움을 누구보다 잘 알기에 함부로 섣부른 조언을 하지 않을 가능성이 높다. 반면, 선무당이 사람 잡듯이 조언을 과하게 하는 사람들은 자신의 투자 깊이가 깊지 않거나 사후 확신 편향_{결과가 발생한 후에 모든 것을 알고 있었다는 듯이 말하는 현상}이 높을 가능성이 높다. 그래서 잔소리꾼 역시 우리와 동일한 투자 상황에 마주했을 때는 조언했던 것들을 실제 행동으로 옮기지 못할 가능성이 높음에도 쉽게 말하는 것이다. 하지만 그러한 사람들의 조언에 감정이 휘둘려 반응한다면, 처음 내린 냉철한 판단과는 달리 잘못된 방향으로 이어진다. 그 결과 옳지 못한 행동으로 인해 후회를 하는 것은 우리의 몫으로 남는다.

성공적인 투자를 위해 옆에 있어야 하는 사람들

성공적인 투자를 하기 위해서는 우리에게 도움이 되지 않는 잔소리꾼을 잠시라도 멀리할 필요가 있다. 대신에 우리의 감정에 긍정적으로 작용하는 사람들이 옆에 있어야 한다. 외롭고 치열한 투자세계에서 정신적으로 도움이 될 만한 사람이다. 힘들 때 의지할 수 있으며, 같은 방향을 보고 나아갈 수 있는 그런 존재가 필요하다. 그렇다면 어떤 사람이 우리 곁에 있어야 하는가?

첫째, 성공한 사람을 옆에 두는 것이다. 그들의 경험과 심리를 다루는 방법을 직·간접적으로 전수 받음으로써 내 것으로 체화시키는 과정이 필요하다. 성공한 사람의 뒷발치를 보고 배우는 자체만으로도 훌륭한 교과서가 될 수 있다. 물론 성공한 사람을 만나기는 쉽지 않을 것이다. 설령 운이 좋아서 함께 하고 배울 수 있는 존재가 있더라도, 상대를 지속적으로 곁에 두기 위해서는 내 수준도 일정 수준까지 성장해야 한다. 투자와 관련하여 지속적으로 공부하고 대화를 나눌 수 있는 정도로 내공을 쌓아야 하며 상호 교감할 수 있는 무언가가 있어야만 오랫동안 인연이 이어질 수 있다. 성공한 사람이 주변에 있다면 스스로 발전하면서 그들과의 관계를 지속적으로 유지할 수 있도록 노력해야 한다.

둘째, 나에게 도움이 될 멘토를 두는 것이다. 부동산 분야에는 성장을 도와줄 수 있는 멘토가 많다. 훌륭한 책이 될 수도 있고 때로는 훌륭한 강의를 하는 강사가 될 수 있다. 어떠한 존재가 되었든 간에 깨달음을 제공할 수 있는 멘토를 얻을 수만 있다면 그 자체로도 엄청난 축복일 것이다. 그러한 멘토의 존재는 우리에게 성장을 제공할 뿐만 아니라 나도 언젠간 멘토와 같은 사람이 되기 위한 동기로 작용할 수 있기 때문이다. 단, 멘토를 찾는 과정에서 많은 에너지를 쏟을 필요는 없다. 일정 수준 이상의 반열에 올라간 사람들은 나름의 경험과 지식을 바탕으로 그 자리에 올라간 사람이다. 그들이 누구든 간에 우리의 상황을 공감해 주고 이해해 줄 만한 멘토 한 명을 선정하여 그 멘토를 믿고 묵묵히 따라할 필요가 있다.

마지막으로, 나와 함께 같은 방향으로 나아갈 사람을 옆에 두는 것이다. 투자는 끝이라는 정해진 기간이 없다. 그래서 성공적인 결과를 위해서는 계속 지속할 에너지와 열정이 남아 있어야 한다. 처음에는 불같은 열정을 통해 100미터 달리기처럼 지속했다가 그 속도를 감당하지 못하고 조기에 끝나버리는 모습을 주변에서 쉽게 만나 볼 수 있다. 심지어 투자 세계에서 살아남는 과정 속에서 때로는 단순하고도 반복적인 일들을 견뎌야 하는 인내의 시간을 거쳐야만 성장이라는 가능성을 맞보게 된다. 부동산뿐만 아니라 금리, 환율 등 다양한 경제에 대한 이해뿐만 아니라 각 지역별 분위기도 주기적으로 확인해야 하는 등 고되고 힘든 절대적인 시간이 요구된다.

하지만 이러한 지루한 과정을 보내다 보면 때로는 "내가 무엇을 위해 이러고 있지?"라는 감정적 회의가 찾아온다. 특히 부동산 시장 분위기가 하락장에 진입하면 점차 같은 방향을 보던 사람들 수가 감소한다. 그런 과정에서 본인 스스로도 쉬어 가고 싶은 생각이 들 것이다. 하지만 힘들고 지루한 시기더라도 주변에 함께 할 사람이 있다면 서로 의지하고 상황을 공감하면서 앞으로 나아갈 수 있는 원동력이 된다. 주변에 동반자가 있는지 둘러보자. 주변에 없다면 인터넷 카페나 블로그 등에서라도 대상을 찾아보자. "혼자 가면 빨리가지만 함께 가면 멀리 간다"는 아프리카 속담처럼, 혼자 할 의지력이 약하더라도 같은 방향을 바라보는 존재와 함께 간다면 지속할 힘이 된다. 그래서 우리 옆에는 같은 방향을 바라보는 사람이 필요한 이유이다.

03

내가 살고 있는 곳이
최고라는 환상

내 동네와 사랑에 빠진 사람들

부동산 커뮤니티를 보면 항상 많은 댓글이 달리는 질문이 있다. 바로 "A지역과 B지역 중 어디가 더 좋은가요?"라는 질문이다. A지역의 사람들은 다양한 이유를 들면서 A지역이 좋다고 주장하는 반면 B지역 사람들은 A지역의 안 좋은 이유를 근거삼아 B지역이 더 좋다고 주장한다. 그런데 때로는 궁금하기도 하다. 두 지역에서 모두 살아보거나 경험해 본 사람들이 많지 않을 텐데, 사람들은 어떠한 근거로 자기가 살고 있는 지역은 좋고 다른 지역은 나쁘다고 주장하는지 말이다. 이러한 모습은 모르는 남들만의 이야기가 아니다. 가까운 지인들과 만나 거주지에 대한 이야기를 하다보면 동일한 상황이 반복된다. 그들 역시 본인이 사는 동네가 최고라고 생각한다는 점이다. 혹시라도 지인이 거주하는 지역에 대해 험담이나 평가절하를 하면 지인의 얼굴은 금방 붉게 변하기도 한다.

그런데 왜 많은 사람들은 자신의 지역에 대해 무조건적인 긍정의 모습을 표출할까? 이는 소유효과와 단순 노출효과라고 불리는 요인이 인간의 뇌에 영향을 미치기 때문이다. 소유효과 Endowment Effect란 동일한 물건이라도 자신이 소유한 것에 대해서는 더 높은 가치를 부여하려는 습성을 말한다. 소유효과가 작용하면, 어떤 물건을 보유하기 전보다 보유한 후에 그 가치를 더 높게 평가하는 경향을 보인다. 이러한 특성이 부동산에도 작용하여 본인이 보유한 물건은 항상 가치 대비 저평가되어 있어 추후 가격이 더 올라야 한다는 생각에 빠지게 된다.

또한 인간은 낯익고 익숙한 대상에 대한 호감을 느끼는 경향이 강하다. 특히 내가 사는 지역이 최고인 이유 중 하나는 아마도 그 지역에 오래 거주하다 보니 낯익고 익숙함으로 인해 지역에 대한 정이 들어 좋아 보일 수 있다는 점이다. 어떤 대상에 호감과 비호감의 이유를 대기 전에 이미 알고 있다는 것을 좋게 생각하는 경향을 단순 노출효과 Mere Exposure Effect라고 한다. 다른 용어로 친숙성의 원리라고도 부르는데 이러한 영향으로 우리 지역이 다른 지역보다 더 좋고 최고로 살기 좋은 곳으로 간주하거나 설령 최고는 아니더라도 이 정도면 살기 참 좋다는 인식을 하게 되는 이유이다.

매도에 방해가 되는 소유효과와 친숙성의 원리

우리가 애정을 가지고 사랑하는 부동산이더라도 구매 전 까지는 수많은 대상 중 하나였을 것이다. 하지만 막상 매수하고 소유하게 된 이후부터는 부동산 자체의 가치와 더불어 심리적 프리미엄이 더해진 가치로 인식한다. 그로 인해, 본인이 보유한 집은 실제 부동산 가치보다 더 높은 가치를 매기는 경향이 두드러지며, 결국 해당 지역에 대한 콩깍지로 확장되어 다른 지역보다 무조건적인 좋은 지역으로 인식하게 된다.

물론 거주차원에 있어 소유효과와 친숙성의 원리가 작용하면 삶에 긍정적인 영향으로 작용할 수 있다. 한 지역에 정착함으로써 소속감을 바탕으로 편안하게 살아간다면 새로운 무언가에 더 집중할 수 있도록 하는 원동력이자 안정감의 기반이 되기 때문이다. 하지만 부동산은 거주와 더불어 자산의 측면이 모두 결합된 상품이다. 자산 가치를 망각한 채 거주에만 치우쳐 판단하다 보면, 결정적인 순간 냉철하게 판단하지 못하고 매도를 주저하게 된다.

　특히 부동산을 빨리 처분해야 하는 상황에도 미련을 버리지
못하는 결과로 이어지며, 적절한 시기에 매도하지 못하거나 뒤
늦게 처분하여 손해가 발생하기도 한다. 또한 시세보다 무조건
더 높은 가격에 팔아야 한다는 생각은 기본이고, 때로는 가치 대
비 후한 가격을 쳐서 산다는 사람이 생기더라도 아쉬운 마음이
생겨 거래를 중지하기도 한다. 심지어 시장의 수요가 없는데도
가격을 낮추려 하지 않거나 오히려 시세 대비 높은 가격으로 내
놓곤 하는데, 매수 예정자는 소유효과나 친숙성의 원리의 영향
과는 무관한 만큼 거래로 이어지지 않는다.

부동산과 사랑에 빠지지 말라

집이란 가족과 행복한 시간을 보내고 쉼터를 제공하는 훌륭한
안식처이다. 하지만 오늘날 우리는 투자 관점에서의 집이 주는
가치를 인정하고 때로는 편안함과 친숙함에 대해 거리를 두고
바라볼 필요가 있다. 친숙하다고 반드시 좋은 것은 아니다. 친숙
함에 이끌려 객관적으로 바라보지 못한다면 판단 착오를 유발할
수 있다. 심지어 매도하는 결정이 옳은 선택일 수 있음에도 잘못
된 착각으로 인해 보유하는 어리석은 결정을 하게 된다. 애착, 사

아파트 매도의 기술

랑, 익숙함, 과거 가족 간의 추억 등 매도를 망설이게 만드는 다양한 이유가 종합적으로 떠오르기 때문이다.

하지만 감정의 영역인 익숙함을 넘어 세상을 객관적으로 바라봐야 부자의 세계로 한발 나아갈 수 있다. 또한 물건에 대한 애착은 새로운 물건으로 바뀌면 어느 순간 추억으로 사라질 수 있음을 이해해야 한다. 지금은 친숙하지 않지만 새롭게 내 것이 된다면 그 지역에 사랑에 빠질 수 있다.

그럼에도 더 보유하겠다는 생각이 든다면 소유효과로 인한 생각의 오류가 아닌지 판단해보고 오히려 주변의 부정적 의견을 받아들이는 과정도 필요하다. 주식의 명언인 '보유종목과 사랑에 빠지지 마라'라는 말처럼 내 부동산과도 사랑에 빠지는 우를 범할 필요는 없다. 보유한 부동산을 영원히 간직할 것으로 생각하기 보다는 잠시 주어진 물건이며 언젠가는 떠나보낼 수 있다고 생각을 바꿔보자. 만남이 있으면 이별이 있는 것처럼 우리에게 주어진 부동산도 결국 새롭게 변화해야 하는 것이다. 부동산은 내가 사랑해 줄 가족이나 연인 그리고 아내, 남편이 아니다. 새로운 이동이 최고의 기회라는 확신과 믿음이 있다면 매도를 통한 방향 전환이어야 말로, 새로운 부자로 나아갈 수 있는 밑거름이 될 것이다.

언제든지
팔 수 있다는 착각

시장을 이해하지 못한 사람들의 착각

사람들이 매도에 대해 착각하는 것이 있다. 바로 내 매물은 언제
든지 마음만 먹으면 팔릴 수 있다는 생각이다. 그런데 막상 매도
상황을 현실로 마주치게 되면 시장의 상황에 따라 매도에 대한
반응이 극명하게 다르다는 사실을 느낄 것이다. 상승장에서는 사
겠다는 수요기 많이 있어서 계약 당일 금액을 올려도 팔리는 매
도자 우위 모습을 보인다. 그래서 상승장에서만 거래를 해본 사
람의 머릿속에는 아무 때나 내 물건을 팔 수 있다는 생각이 지배
하게 된다. 그런데 그런 기억만을 간직한 채, 하락장에 매도를 해
야 하는 상황이 발생한다면 180도 다른 분위기에 당황하게 된

아파트 매도의 기술

다. 특히 매도 전 매수계약을 미리 했거나 급한 돈이 필요하여 빠른 기일 내 매도해야 한다면 매도가 얼마나 어려운 일인지 세삼 느끼게 된다.

그런데 사람들은 왜 이러한 기본적인 상황도 이해하지 못할까? 대부분의 사람들은 부동산 사이클 변화에 대한 생각을 간과한 채 살아가기 때문이다. 특히 장기적인 관점에서의 "부동산은 우상향한다"는 주장을 맹목적으로 신뢰하다보니 단기적인 관점의 사이클 변화를 무시하며 시기에 맞지 않는 투자를 하게 된다.

매도 시 사이클이 중요한 이유

매도는 물론이고 투자를 선택해야 하는 상황에서 반드시 알아야하는 것은 바로 부동산 사이클이다. 상승장에서는 내가 판매하길원한다면 사려고 하는 사람들이 많은 시장이다. 파는 사람이 주도권을 쥐고 있는 만큼 집을 매수하려는 사람이 따라갈 수밖에없다. 때로는 각종 세금을 매수자에게 부담시키거나 심지어 다운계약서와 같은 불법 행동도 서슴지 않게 일어나기도 한다. 혹여나 높은 호가로 인해 매수자가 머뭇거리더라도, 가격만 조정한다면 훨씬 수월하게 매도가 가능한 것이 상승장이다. 이때는 심지어 역세권, 공세권, 상권 및 초품아 등 다양한 주변 환경 프리미엄이 아파트 가치에 더 붙어 가격이 형성되며 높은 가격을 받고 매도가 가능한 시기이기도 하다.

반면 하락이 시작되면 매수자 우위의 시장으로 포지션이 완전히 뒤바뀌게 된다. 그로 인해 매도자의 가격 흥정 자체는 아예 통하지 않는다. 기존 상승장만 경험해 본 사람들은 공인중개사에게 중개비를 2배 더 준다고 하거나 중개비 이외에 추가비용을 제시한다면 내 물건을 잘 팔아 줄 것이라고 착각을 한다. 그런데, 뛰어난 공인중개사라고 하더라도 사려고 하는 사람들이 있어야 거래가 되는데, 사람들은 이를 망각하게 된다. 혹여나 내 물건에 관심이 있는 사람이 생겼는데 조금이라도 매도 계약을 머뭇거렸다가는 다른 매물이 팔려 새로운 매수자를 다시 찾는데 시간이 더 소요되기도 한다. 또한 매수예정자는 물건을 보더라도 계약에 대한 검토기간을 여유롭게 가져가는 전략을 통해 매도자가 조급해지도록 유도하기도 한다. 심지어 매수예정자는 공인중개사를 통해 가격을 더 낮춰서 팔도록 조정을 유도하거나 잔금날짜를 길게 가져가기도 한다. 그럼에도 하락장에서는 팔리면 다행이다.

물들어 올 때 탈출만이 살길이다.

옛날 격언 중 "물들어 올 때 노 저어라"는 말이 있다. 물이 빠져

아파트 매도의 기술

나간 뒤 배가 바닥에 닿아 있을 때는 아무리 기를 써도 배가 꿈쩍도 하지 않지만 물이 들어오면 그다지 힘을 들이지 않아도 배를 움직일 수 있다는 뜻이다. 그런데 이 말은 부동산 매도 시장에서 사이클의 중요성을 인지하고 대응해야 하는 기준으로 해석할 수 있다. 먼저 물이 들어오는 시기에 노를 젓는 것을 "매도 타이밍이 오는 시기에 매도에 적극적으로 나서라"로 이해해보자. 상승장과 같은 매도하기 좋은 시기를 놓치지 말고 적극적으로 대응해야 함을 알려주는 것이다. 만약 지금 상태가 수익이 발생하여 매도라는 노를 젓는 것이 최선이라면 반드시 그 상황에 맞춰서 행동해야 한다.

만약, 물이 들어오는데 노를 젓지 않는 경우에는 어떤 일이 벌어질까? 아마도 배가 원하는 방향으로 나아가지 못하거나 더 나아가 가라앉을 수 있다. 이는 상승장에서 높은 가격에 매도하여 새로운 투자의 기회로 나아갈 수 있는 기회를 놓치거나 심지어 적절한 타이밍을 놓쳐 수익이 감소하거나 손실로 바뀔 수 있다는 것으로 해석할 수 있는 만큼 명심해야 한다.

매도하기로 결정했다면 사준다는 사람이 있을 때 편하게 매도할 것인가? 아니면 아무도 사주는 사람이 없을 때 매도할 것인가? 한번 부동산 상승장을 지나 부동산 흐름과 투자 심리가 썰물처럼 빠져나간다면 다시 물이 들어올 때까지 많은 시간을 기다려야 한다. 다시 돌아선 시기에 전력을 쏟아 노를 저어도 그 기회가 과거의 좋은 기회와는 다를 가능성이 높다.

부동산 시장은 상승이 있으면 하락이 있고 하락이 있으면 다시 상승이 있는 법이다. 상승장에서 매도한 사람은 하락장에서 웃고 있을 가능성이 높다. 진정한 벼락부자는 높은 가격의 부동산을 보유하고 있는 사람이 아니라, 높은 가격에 매도하고 현금을 보유한 후 하락장에서 싼 가격으로 매수하는 경우에 만들어진다. 상황에 따라 부동산이라는 현물이 중요한지 현금이 중요한지 인식해보고, 현금 보유가 중요한 시기라고 생각하면 뒤돌아보지 말고 행동하길 바란다. 부자라는 기회가 여러분의 손에 달려 있다는 사실을 기억하면서 말이다.

2장

매도가
중요한 이유

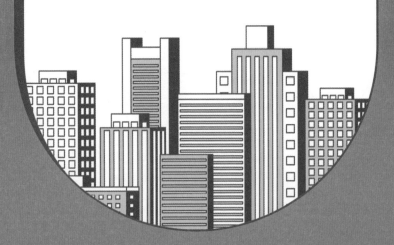

아 · 파 · 트 매 · 도 · 의 기 · 술

아파트는 매도하는 것이 아니라 무조건 모아야 한다는 말이 있다. 하지만 좋은 아파트가 아니거나 보유할 가치가 없다면 매도하는 것이 올바른 길이다. 매도를 선택해야 할 분명한 이유가 있다면 매도만이 정답이다.

01

손실의 최소화를
위해서

부동산 시장의 광풍과 하락장의 부동산 시장 모습

최근 몇 년간 우리나라의 부동산 투자 열풍은 거세게 불어왔다. 빚을 내서라도 집을 구매하려는 분위기가 이어지며 수많은 영끌족이 탄생하였고, 이러한 분위기는 점차 확대되면서 집값은 상승 수준을 넘어 폭등으로 이어졌다. 투자와 무관하던 10대들의 갭투자 사례가 보도되기도 하고 한사람이 수십·수백 채에 투자했다는 모습 역시 심심치 않게 볼 수 있었다. 서울, 수도권은 말할 것도 없이 전국 지방 단위까지 불어온 투자 열풍의 결과로 소액투자가 활발히 진행되었으며 투자 세계에서 현실적으로 마주치기 힘든 100% 이상의 수익률을 얻는 것이 비일비재했다. 천만 원을 투자하여 천만 원을 버는 도박과 같은 사례가 현실 세계에 등장하다보니 투자 수익률을 최소 100%로 설정하고 무리한 대출을 받으면서 투자하는 사람들이 많이 생겨났다.

이렇게 끝없는 상승과 폭등을 기대했던 투자자들의 심리와는 다르게 조금씩 부동산 시장의 균열이 발생하기 시작하였다. 이와 더불어 세계 각국의 기준금리 인상, 세계경제 불안정, 전쟁 등 복합적인 요인이 투자 심리에 영향을 주며 부동산이 결국 하락장으로 전환되었다. 불과 얼마 되지 않은 짧은 시간 안에 부동산 시장의 흐름이 180도 달라진 것이다.

부동산이 하락 국면으로 접어들거나 이미 하락중에 있다면 투자자의 마음은 폭풍과 같이 요동친다. 특히 부동산 상승장에 매수한 사람이라면 가격이 오르면서 기쁨과 환희를 느끼다가도 예상치 못한 하락장의 진입으로 인해 자산이 한순간에 사라지면서 우울감이 가득해지기도 한다. 수익이라는 달콤함에 취해 여유자금을 넘어 대출을 통해 투자한 경우라면 생존의 위기로 다가온다. 특히 갭투자한 사람들 중 투자 시기 대비 전세가가 낮아지면서 전세금의 차액을 세입자에게 돌려줘야 하는 역전세가 발생한 경우, 오히려 전세금을 마련하기 위하여 발을 동동 구르는 모습을 쉽게 볼 수 있다. 혹여나 전세금을 구하지 못하는 경우에는 세입자에게 돌려줘야할 전세금 차액에 대하여 월세금을 역으로 주는 상황

아파트 매도의 기술

이 발생한다. 심지어 세입자 구하기가 하늘의 별따기인 상황으로 계약갱신청구권세입자가 2년간 거주한 후 1회에 한해 임대차 계약을 2년 연장할 수 있는 권리을 폐지해야 한다고 주장하던 사람들이 오히려 추가 2년을 연장하여 4년간 살아주기를 간절히 바라는 상황으로 바뀌는 것이 부동산 하락장의 모습이다.

무조건적 우상향한다는 믿음 그리고 과대평가

오늘도 많은 투자자들은 잘못된 판단을 바탕으로 어리석은 행동을 저지르고 있다. 이런 행동을 야기하는 원인 중 하나는 부동산에 대한 지나친 우상향 믿음에서 발생한다. 과거부터 현재까지의 부동산 흐름을 살펴보면 장기적 관점에서는 부동산 가격이 우상향 그래프를 보이면서 상승하였다. 물론 지역에 따라 상승률의 차이는 존재하겠지만 과거에 매수한 부동산을 매도하지 않고 장기간 보유한 사람들은 매수 대비 엄청난 투자 수익률을 맛보았을 것이다. 하지만 사람들은 이러한 믿음을 단기적 흐름에도 잘못 적용하다 보니, 부동산 사이클의 흐름이 변화할 수 있다는 생각 자체를 망각하고 무한 상승론에 빠지면서 하락에 대한 생각 자체를 하지 못하도록 만든다.

또한 많은 사람들은 자기 자신을 다른 사람과 달리 객관적이고 훌륭하게 투자하고 있다고 생각한다. 자신이 가지고 있는 전략이나 지식 그리고 경험 등을 과대평가하는 경향이 있다. 그 결과, 다른 사람의 투자는 잘못된 시기에 매수하거나 잘못된 물건을 매수한 것으로 치부해 버리지만, 지나친 과신으로 인해 자신이 실행한 투자는 항상 옳다고 생각한다. 심지어 믿어야 할 것을 믿지 않고 자신이 믿고 싶은 것만 믿는 어리석은 결정을 한다. 이러한 잘못된 행동이 결국 투자의 실패 요인으로 손실을 보는 상황으로 이어진다.

이러한 맹목적인 우상향에 대한 믿음이나 자기애가 작용한다면 부동산 시장에서 투자를 올바르게 바라보지 못하는 강력한 주범으로 작용할 것이다. 부동산 가격이 떨어지거나 잘못 매수했다는 결정적인 증거가 있다면 당연히 남은 돈을 지키기 위한 행동으로 매도해야 하지만, 이를 하지 못할 가능성이 높다. 그 결과 손실 구간으로 진입했더라도 "무조건 우상향하니 장기로 가져가면 된다"라는 생각에 빠져들거나 "이번에는 과거 하락과 다르다"라는 자기합리화가 지배하여, 부동산을 보유할 가능성이 높다. 이러한 잘못된 생각이나 행동은 투자 실패라는 불행을 발생시킬 수 있는 만큼 무조건적인 버티기 전략을 선택하기 전에 손실이 복구될 수 있는지 '손실복구율'이라는 개념을 통해 판단해야 한다.

아파트 매도의 기술

손실복구율 이해하기

손실복구율이란 투자한 원금이 잘못된 투자 결과로 인해 손실이
발생하였을 때 손실 시점에서 남은 금액이 다시 원금으로 회복
되는데 필요한 수익률을 의미한다. 손실이 커지면 커질수록 원
금을 회복하는데 필요한 수익률이 기하급수적으로 늘어나야 함
을 의미한다. 그런데 많은 사람들은 손실복구율은 간과하고 하
락한 금액만큼만 상승하면 된다는 우를 범하곤 한다. 그 결과,
10억 원을 투자하였으나 50%의 손해로 인해 현재 남은 금액이
5억 원이라면 사람들은 단순히 5억 원만 복구하면 된다고 생각
한다. 하지만, 손실복구율 관점에서 보면 5억 원이 원금 10억 원
으로 회복되기 위해서는 100%의 수익이 발생해야 한다. 현실적
으로 추가로 투입할 자금이 없다면 하락폭이 증가할수록 원금
회복을 할 수 있는 가능성은 낮아질 수밖에 없다.

과거 자산	손실률	현재 자산	손실복구율	미래 자산
1억 원	0%	1억 원	0%	1억 원
	10%	9천만 원	11.1%	
	20%	8천만 원	25.0%	
	30%	7천만 원	42.9%	
	40%	6천만 원	66.7%	
	50%	5천만 원	100%	

과거 자산	손실률	현재 자산	손실복구율	미래 자산
1억 원	60%	4천만 원	150%	1억
	70%	3천만 원	233.3%	
	80%	2천만 원	400%	
	90%	1천만 원	900%	

도표 2-1 손실률과 손실복구율(1억 원 기준)

<도표 2-1>과 같이 하락장에서 30%의 손실률을 기록하였다면 남은 자산에서 42.9% 상승해야만 원금으로 회복이 가능하다. 물론 시장의 상황은 언젠간 좋아질 수 있겠지만, 그 시기가 올 때까지 견디면서 보내는 상황 자체가 험난할 수 있다. 물론 하락폭의 금액 자체가 비율만 높고 원금 자체가 크지 않은 경우에는 손실을 감수하고 매도하거나 상승 가능성을 기대하고 버티는 것도 가능하다. 하지만 금액 자체의 단위가 커서 수억 원의 손실이 예상된다면 무작정 버틸 것인지 매도할 것인지에 대해 판단할 수 있는 근거가 바로 손실복구율이다.

손실을 최소화하는 것이 최고의 전략이다

부동산 투자자라면 수익구간에서 손해구간으로 변화할 수 있는지 여부와 투자 물건에 대한 실수가 있었는지 주기적으로 점검해야 한다. 혹시 실수일 가능성이 있다고 판단되면 자책만 하지 말고 상황이 개선되거나 흐름이 변화할 수 있다고 믿을 만한 증거를 찾아야 한다. 혹시라도 개선될 가능성이 없는 부동산을 구매했다면 실수를 인정하고 더 늦기 전에 매도하여 탈출해야 한다. 손해가 발생하더라도 손실복구율을 적용하면서 회복할 수 있는 범위를 넘어서기 전에 남은 돈을 지키는 것이 중요하다.

물론 매도를 통해 손실을 확정짓는 것에 대한 두려움은 우리의 선택을 주저하도록 만들 것이다. 또한 인간의 심리는 조금만 기다리면 원금을 회복할 수 있다는 근거 없는 믿음을 갖도록 만든다. 이러한 모습이 결합되면서 현재 상황을 객관적으로 보지 않고 위험을 선택하도록 유도한다. 하지만, 실수를 인정하지 못하고 감정에만 휩싸여 투자를 한다면 보유한 시드머니가 녹아 없어지는 쓰라린 광경을 경험하게 될 것이다.

사람들은 손해 볼 때의 고통이 수익을 얻었을 때의 기쁨보다 2배 이상 크다는 연구결과가 있다. 투자하면서 이러한 고통을 외면한다면 고통의 크기는 제곱 이상으로 커져나가며 4배, 8배, 16배 등으로 커질 수 있다. 대大를 위해 소小를 희생한다는 마음으로 작은 손해로 마무리 하고 큰 성공을 얻기 위한 투자 자금으로 활용해야 한다. 상황이 어떻든 고통은 얻겠지만 시장에서 굳건히 살아남아야만 미래를 도모하고 생존 가능성이 유지되기 때문이다.

　마지막으로 <도표 2-2>와 같은 예로 마무리한다. 이 지역의 매매 가격지수시장의 평균적인 매매 가격변화를 측정하는 지수는 부동산 경기가 다소 정체기였던 2015~2016년 정점을 찍고 오히려 전국적으로 아파트 시장 분위기가 좋아지던 2017년 이후부터는 역으로 하락하는 추세를 보인다. 2019년이 되어서야 큰 폭의 하락을 멈추고 정체하는 모습을 보이다가 2020년 하반기 이후 일부 반등하는 모습을 보인다. 2023년 6월 기준 매매 가격지수는 부동산 침체의 여파로 지난 10년간 최저 수치로 하락한 상황이다.

　만약 활발히 거래되었던 2015~16년에 매수하였고 여전히 보유하고 있다면 손실률은 최소 30~40%의 수준을 기록하고 있을 것이다. 이걸 만회하려면 손실복구율은 사실상 50%에 육박해야 한다. 지난 상승장에서도 최고점을 돌파하지 못했다면 언제 상승할지는 스스로 생각해야 한다. 남이 아닌 내 자신에게도 닥칠 수 있는 미래가 될 수 있기 때문이다.

아파트 매도의 기술

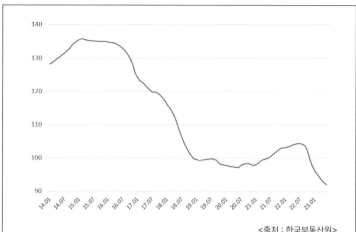

<출처 : 한국부동산원>

지역	기간	매매 가격지수	비고
지방 A지역	2014년 01월	128.1	상승추세
	2015년 02월	135.8	최고점
	2017년 06월	120.5	최고점 대비 하락
	2020년 05월	97.1	하락세 중 최저점
	2022년 06월	104.4	일부 반등점
	2023년 06월	92.0	기간내 최저점

도표 2-2 지방 A지역의 매매 가격지수

02

기약없는 재건축. 기달릴만한 가치가 있을까?

아파트의 인생과 점점 진행되는 노후화

아파트는 우리의 인생과 같다. 인생의 황금기가 있듯이 아파트도 황금기가 존재하고, 그 시기가 지나면 어느덧 점차 내리막을 걸어야 하는 모습이 참으로 비슷하다. 아파트가 신축으로 완공되면 사람들의 많은 관심과 사랑이 집중된다. 멋진 나무와 숲과 같은 조경이나 환하게 비추는 조명 인테리어 모습을 통해 행복감을 줄 수 있는 그 시기야 말로 아파트의 황금기 시절이다. 그런데 어느덧 세월과 함께 인생의 주름살과 같이 벽에는 금이 가고 빛이 바래지며 각종 시설은 노후화되기 시작된다. 또한 배관의 누수나 엘리베이터의 고장 등 기타 문제들이 반복되기 시작

아파트 매도의 기술

하면서 한 주기의 아파트 수명이 점차 끝을 향해 달려간다. 더 나이를 먹으면서 자신의 이름이었던 '아파트명'이 재건축과 함께 사라지고, 다른 이름으로 바뀌면서 우리의 기억 속에서 사라지는 것 역시 인생과 묘하게 닮아 있다.

1980년대 아시안게임과 서울올림픽 그리고 1990년대 1기 신도시 개발을 통해 대량으로 지어진 아파트들이 어느덧 인생의 뒤안길에 접어든 시기가 찾아오고 있다. 아파트 구조물이 오래됨에 따라 벽이나 기둥에 균열이 발생하고 시설 이용에 있어서 배관이나 각종 설비들이 노후화되는 등 내구연한을 다해 하나씩 문제가 발생한다.

오래된 아파트들은 위와 같은 문제를 개선하려고 해도 각종 배관이나 시설들이 건물 내에 매설되어 있어, 선행적 유지관리는 사실상 불가능하다. 또한 주차문제나 입주민 보안문제 등 오늘날의 기준과는 상당한 거리감이 존재한다. 이러한 각종 문제들이 종합적으로 결합되고 재건축 연한이 가까워지면서 신축에 대한 열망이 하나씩 피어오르는 것이다.

기다릴 가치가 없다면, 매도가 좋은 선택이다.

보유한 아파트의 노후화가 진행되어 재건축이 될 수 있는 연한에 가까워진다면 어떤 선택을 해야하는지 고민하는 사람들이 많다. 특히 오래된 아파트의 주차난은 무엇보다 심각한데 이중주차/삼중주차는 기본이고 심지어 단지 외부에 무단 주차하는 광경이 빈번하게 연출된다. 또한 엘레베이터 노후화로 인한 멈춤 사고나 비오는 날마다 발생하는 누수 문제 등으로 인해 불편함이 점차 증가한다. 이러한 불편함이 하나씩 쌓이기 시작하면 이런 상황을 감수하면서까지 재건축을 기다리는 것이 맞는지 고민이 되기도 한다. 심지어 재건축 추진위원회가 설립되더라도 정부 정책이나 시장 사이클 그리고 재건축 조합 운영의 문제 등으로 인해 재건축 이슈가 장기화될 수 있다. 노후화가 시작된 아파트를 보유하고 있다면 지속적으로 보유할 것인지 아니면 매도할 것인지 다음의 기준에 따라 판단해야 한다. 각 단계별 추진 가능성이 높지 않다면 매도하는 것이 좋은 선택이다.

⊙ 재건축 가능 여부 판단하기

보유한 아파트의 생애주기를 검토하여 준신축을 넘어서 구축 이상의 아파트를 보유하고 있다면 재건축이 가능한시 따져봐야 한다. 특히 먼저 살펴봐야 할 것은 아빠트가 오래되고 낡았는지 여부이다. 아파트를 재건축하기 위해서 가장 먼저 진행되어야 할 절차가 바로 안전진단 통과이다. 안전진단이란 주택의 노후나 불량 정도에 따라 구조의 안전성 여부, 보수비용 및 주변 여건 등을 조사하여 재건축 가능여부를 판단하는 작업이다. 재건축을 추진하기 위해서는 안전진단 평가항목을 통해, 45~55점 이하인 D등급조건부 재건축 또는 45점 이하 E재건축 등급을 받아야 한다. 때로는 아파트가 너무 튼튼하다면 재건축에 방해가 되는 요소로 작용한다. 반면 아파트가 낙후되어 첫 단계인 안전진단을 통과하더라도 아무리 빨라야 8~9년 이상이 소요되는 만큼 가능성을 살펴봐야 한다.

다음으로는 아파트의 용적률 관점에서 재건축을 추진하기에 적정한 사업성이 있는지 살펴봐야 한다. 용적률이란 대지 면적에 대한 건축물지하층제외의 연면적 비율을 말하는데 땅이 100평이고 용적률이 150%라면 연면적 150평까지 건축할 수 있다는 의미이다. 재건축 분야에서는 일반주거지역도시계획법상의 용도지역 가운데 시민이 일상생활을 할 수 있도록 주택이 밀집한 주거지역에 위치한 아파트의 경우, 대략 용적률이 150% 수준 정도를 합리적인 용적률로 판단하며 사업성의 마지노선을 180%정도로 판단한다. 아파트 소유자 입장에서는 기존 아파트의 용적률이 낮고 새롭게 건물을 올리는 용적률이 높을수록 유리하다. 주어진 땅에서 최대한 건물을 더 높이 지을수록 일반 분양하는 가구 수가 많아지면서 충분한 수익을 확보할 수 있는 것이다.

하지만, 국가에서는 땅을 효율적이고 경제적으로 사용하기 위해 용도지역을 구분하였으며 아파트가 위치한 땅에 따라 용적률

상한이 정해져 있다. 특히 주거지역은 용도지역에 따라 제1종 일반 150% 이하, 제2종 일반 250% 이하, 제3종 일반 300% 이하, 준주거지역 500% 이하 등으로 용적률의 상한선을 규정한다. 이렇게 용도지역별로 정해진 용적률 제한이 있어서 추가 용적률 확보가 어렵다면 적절한 시기에 매도를 검토해야 한다.

⊘ 보유한 지역의 토지 가치 파악하기

다음으로는 보유한 매물의 입지적 관점에서 생각해야 한다. 부동산은 토지와 건물로 구성되는 만큼, 부동산의 연한이 오래되면 건물의 가치가 0에 수렴하는 감가_{자산의 가치가 감소}가 이루어진다. 건물의 감가상각이 완료된 시점에는 결국 아파트를 보유하고 있어도 실제 토지가격이 아파트 가격으로 인식되는 순간이 온다.

서울이나 수도권 그리고 지방의 1급지인 경우에는 신규 토지가 부족하고 증가할 수 없는 부증성_{부동산의 자연적 특성 중 하나로서, 생산비나 노동을 투입하여 토지의 물리적 양을 임의로 증가시킬 수 없는 특성}으로 인해 토지의 가치가 날로 높아지고 있다. 득히 서울의 경우에는 신규로 아파트를 대량 공급할 도지가 없기 때문에 사입성 높은 재건축 단지에 내한 가치는 나날이 증가하고 있다. 그로 인해, 사업성이 높은 재건축 가능 아파트에 대한 건설사의 수주 전쟁은 날로 치열해지고 있다. 설령 입지가 좋은 지역의 아파트들은 용적률이 높아 사업성이 크지 않더라도, 토지가 주는 막강한 힘으로 인해 1대1 재건축_{일반 분양}

아파트 매도의 기술

을 통한 신규 수익이 발생하지 않는 재건축을 진행할 수 있는 힘이 존재한다.

반면 지방의 경우는 토지가격이 무한정 오르기 쉽지 않다. 지방의 주요지역이나 핵심지역에서 조금만 벗어나더라도 새롭게 개발할 수 있는 토지가 많이 남아 있기 때문이다. 그로 인해, 건설사 입장에서는 시간도 오래 걸리고 과정도 복잡한 재건축을 선택하기보다는 훨씬 간편하고 시간도 짧게 소요될 수 있는 토지 구매를 통해 아파트를 공급할 것이다.

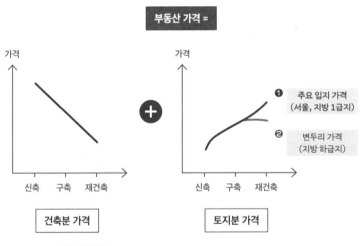

도표 2-3 시간흐름에 따른 건축분과 토지분의 가격변화

혹시라도 지방이고 동네 선호도도 떨어지는 지역의 노후 아파트를 보유하고 있다면 매도하는 것을 적극 고려해야 한다. 토지의 가치가 높지 않은 지역은 결국 매도하고 싶어도 구매 수요가 부족하여 거래가 이뤄지지 않을 수 있다. 또한 노후화가 지속적

으로 진행됨에 따라 사용가치 측면에서 선호도가 낮아지는 지방 아파트는 결국 가격 하락으로 이어질 가능성이 높다. 재건축이 될 수 없는 노후화 아파트는 어느 순간 더 이상 사람이 살지 않는 흉물로 변하는 시대가 머지않아 도래할 수 있다. 그러므로 내가 보유한 아파트의 지역이 어디인지 객관적으로 판단하여, 입지 측면에서 사업성이 없다고 판단된다면 탈출할 수 있을 때 적극적인 매도 전략을 펼치는 것이 필요하다.

⊘ 실거주와 효용 관점 파악하기

사업성도 존재하고 수도권 등 인기 지역의 토지 가치가 높은 아파트를 보유하고 있어서 추후 재건축이 가능하다고 판단되면 마지막으로 실거주 차원에서 거주 가능 여부를 검토해야 한다. 노후화가 시작된 아파트에서의 생활은 많은 불편함을 제공한다. 투자 차원에서 매수했거나 노후 아파트를 전세주고 거주 여건이 더 낳은 집으로 이주하여 거주할 여력이 있다면 노후 아파트를 보유하면서 재건축이 되기까지 기다려도 된다. 그런데 만약 해당 노후 아파트에 반드시 거주해야 하는 상황이라면 매도에 대해서도 검토하는 깃이 필요하다.

노후화 아파트의 경우 안전진단의 낮은 등급을 받기 위하여 수선이나 관리는 최소한의 정도만 진행된다. 이와 더불어 주차장의 이중주차 문제나 각종 시설의 노후화로 인한 불편함은 지속적으로 커져갈 수밖에 없다. 이러한 불편함을 감수하는 시기가 1~2년 수준이라면 버틸 수 있겠지만 아직 시작도 안한 단계라면 완공되기까지 얼마나 시간이 소요될지 예측할 수 없다. 설령 운좋게 추진되더라도 재건축은 아무리 빨라도 최소 10년 정도의 시간이 소요된다. 최근 정부 및 지자체 재건축 기조 변화에 따른 재건축 추진 방향으로 앞당겨 수행될 수 있는 정책들을 펼치고 있지만, 아직까지 본격적으로 추진되는 사례는 찾아보기 힘들다. 그리고 재건축 과정에서 조금이나마 어긋난다면 기약 없는 시간에 견뎌야 하는데, 그러한 악조건에서 살다 보면 어느 순간 내 나이는 신축에 살아도 충분한 효용을 느끼지 못하는 나이가 될 수 있다. 자신의 실거주 가능 여부와 나이를 스스로 판단하여 긴 세월을 노후 아파트에서 생활할 것인지 아니면 매도 후 새로운 아파트에서 생활할 것인지를 선택해야 한다.

투자금을
지켜야하는 이유를
절대 잊지마라

다양한 투자세계에서 적용되는 투자의 원칙

투자 세계에서는 부동산, 주식, 코인, 채권, 금과 같이 다양한 투자 방식이 존재한다. 상대적으로 위험자산으로 분류되는 주식이나 코인은 시장의 변동성이 크거나 예측하기 어려운 만큼 위험성이 높지만 매우 높은 투자 수익을 기대할 수 있다. 그로 인해, 하이리스크-하이리턴 큰 위험을 감수할수록 더 큰 수익을 얻을 수 있다는 뜻의 상품으로 불린다. 반면에 은행이 부도나지 않은 이상 절대 손실이 없는 정기·예적금도 존재한다. 리스크가 사실상 없는 반면 얻을 수 있는 수익 역시 크지 않기 때문에 로우리스크-로우리턴 큰 위험도 없고 큰 수익도 얻을수 없다는 뜻의 상품으로 분류된다. 리스크 차원에서 중간군에 포함되는 부동산이나 채권도 존재한다. 최고 수익률을 달성하지는 못하더라도 안정적 측면 대비 기대수익률이 적절하다고 판단되는 상품이다.

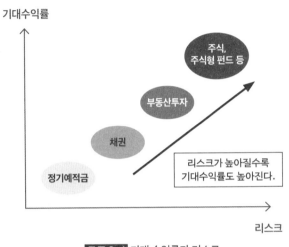

도표 2-4 기대 수익률과 리스크

물론 사람에 따라 투자 종목을 바라보는 시각이 다를 것이다. 누군가에게는 주식이 로우리스크-로우리턴으로 간주 되는 반면, 다른 누군가에는 부동산이 하이리스크-하이리턴으로 간주 될 수 있다. 개인적 성향에 따라 리스크를 바라보는 기준이 다르기 때문에 투자 성향에 따라 선호하는 투자 항목 역시 극명하게 엇갈린다. 그럼에도 어떠한 목표나 투자방법을 선택하든지 상관없이 모두가 바라는 투자 결과는 단 하나다. 바로 부를 확장하고 경제적 자립을 이뤄 행복한 인생을 사는 것이다.

이러한 투자 결과를 얻으려면 투자 시 반드시 지켜야할 원칙이 있다. 바로 절대 잃지 않아야 한다는 점이다. 잃지 않는 투자란 내가 투입한 자금이 감소하지 않는 투자를 말한다. 저렴한 가격에 사서 비싼 가격에 판매하거나 투자 수익이 원금 이하로 떨어지기 전에 판매하는 전략이다. 참 단순하고도 쉽지 않는가? 복잡한 공식을 적용하여 풀어야 하는 방정식이 아니라 상식적인 수준의 말이다. 심지어 투자의 대가인 워렌 버핏 역시도 다음과 같은 투자 규칙을 설명한다.

✔ **버핏 규칙 제1원칙(Rule No. 1) :**
절대로 돈을 잃지 마라(Never Loss Money)

✔ **버핏 규칙 제2원칙(Rule No. 2) :**
제1원칙을 절대 잊지 마라(Never Forget Rule No. 1)

도표 2-5 워렌 버핏 투자 규칙

유명한 대가도 이렇게 말하는 것처럼 너무나도 당연한 원칙이며, 세상에 어떠한 사람도 잃기 위한 투자를 목표로 하는 사람은 없을 것이다. 그런데 참으로 많은 사람들은 이 원칙을 잊고 살아간다. 행복이나 자기만의 기준을 만족하기 위하여 시작한 투자가 어느덧 오히려 돈을 버는 방향이 아니라 돈을 잃는 방향으로 이어지는 것이다.

아파트 매도의 기술

원금을 지킬 수만 있다면 무조건 사수하라

세상에는 오르막이 있으면 내리막이 있는 것처럼 부동산 역시 한 방향으로 흐르다보면 결국 반대 방향으로 변화하는 순간이 찾아온다. 특히 장기간 상승장을 유지하다가 하락장으로 진입하면 가격이 큰 폭으로 떨어지기 때문에 부동산을 보유한 모든 사람들은 고점 대비 잠재 손실을 맛보았을 것이다. 특히 부동산 가치에 따라 작게는 수십~수백에서 많게는 수억 원이 하루아침에 하락하는 모습 역시 심심치 않게 목격된다. 아무리 투자 수익이 플러스 구간이더라도 고점 대비 하락에 대한 아쉬움이 크게 작용한다.

만약 하락장이 오기 전에 매도했다면 어땠을까? 그리고 확보한 자금으로 다시 떨어진 부동산을 매수했더라면 지금 어떤 모습일까? 아마도 매도 행위는 인생일대의 가장 훌륭한 선택이자 자산의 이동으로 인한 부의 상승을 가져올 엄청난 기회였을 것이다. 내 보유 자산으로 기존에는 무리라고 판단되어 쳐다볼 수 없었던 부동산 가격이 내 손에 잡힐 수 있는 범위로 진입하는 시기가 바로 하락장이기 때문이다. 물론 이러한 하락 분위기를 사전에 인지하는 것은 생각보다 쉽지 않다. 아무리 경험 많은 전문가라도 맞출 확률이 조금 더 높을 뿐 정확히 맞히는 건 현실적으로 불가능하다. 하지만 우리 자산이 한순간에 사라질 수 있는 상황에서 넓을 놓고 있을 수만은 없지 않겠는가? <도표 2-6>에 있는 수익 구간 ❶-❸에서 매도했다면 오늘도 웃고 있는 투자자는 여러분일 것이다.

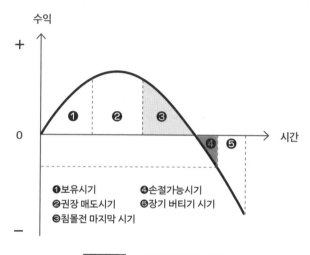

도표 2-6 수익 범위별 행동 방법

따라서 우리는 투자성과를 지속적으로 지키기 위해서는 무엇보다 시장의 흐름 변화에 촉각을 곤두 세워야 한다. 단순히 일시적 하락인지 아니면 사이클의 전환으로 인해 장기적 하락으로 이어질지 판단해야 한다. 또한 시상의 흐름이 정상적 흐름인지 아니면 과열이나 부기와 같은 비정상적으로 움직이는지 다양한 지표투자 심리/미분양/매매전세지수 등를 통해 스스로 판단해야 한다.

상황이 개선될 수 없거나 개선될 수 있다는 증거가 없다는 결론이 나온다면 막연한 상승론에 휩싸이지 말고 늦기 전에 매도

아파트 매도의 기술

전략을 취하는 것이 필요하다. 하락장이 오기 전에 먼저 탈출할수록 웃음의 크기는 더욱더 커질 것이다. 설령 사랑에 빠질 정도로 좋은 부동산이라도 아쉬워하지 말고 일단은 숨고르기를 하면서 자산을 지키는 것이 최고의 방법이다. 자산을 지킨 후 하락장이 오면 보유한 자산으로 다시 새롭게 매수하면 된다. 최소한 남는 장사가 될 테니 말이다.

부동산 시장에서 한번 하락으로 이어지면 그 하락의 방향은 쉽게 바뀌지 않는다. 특히 심리로 대변되는 부동산 시장에서 다수의 참여자의 마음을 한순간에 바꾸는 것은 불가능하다. 그래서 한번 변화한 분위기로 인해 투자금의 손해로 이어진다면 손해의 규모는 눈덩이처럼 커질 수 있다. 더더욱 탈출하지 못하고 남아 있는 경우, 투자의 쓴맛을 보고 부동산 시장을 저주하며 투자의 세계를 떠나는 사람이 바로 당신이 될 수 있다. 기민하지 못한 당신의 최후는 벼락거지가 될지 모른다는 사실과 함께...

04

오를 가능성이
낮은 매물에
돈이 묶이지 않으려면

부동산을 싸게 살 수 있는 2가지 방법

세상에서 거래를 통해 돈을 버는 방법은 아주 간단하다. 바로 싸게 사서 비싸게 파는 것이다. 부동산 세계에서도 이 원칙은 통용된다. 투자로 수익을 올리려면 먼저 저렴하게 매수해야 한다. 적정한 가치보다 저렴한 가격에 구매할 수 있다면 일단 투자 성공을 위한 1차 관문은 통과한 것이다. 그렇다면 어떻게 싸게 살 수 있을까? 부동산을 싸게 사는 방법은 크게 두 가지가 있는데 절대 가격이 저렴하거나 상대 가격이 저렴해진 매물을 매수하는 방법이다.

64

✅ 절대 가격이 싼 시기에 매수하기

먼저 절대 가격이 싼 가격에 사는 것이다. 절대 가격이란 부동산과 직접 교환할 수 있는 화폐의 가치를 말하는데 일상에서 사용하는 가격이라는 단어가 바로 절대 가격을 의미한다. 사람들은 이왕이면 동일한 제품을 저렴한 방식으로 구매하길 원한다. 그래서 동일한 제품이라면 할인하는 시기에 구매하거나 인터넷과 같은 저렴한 루트로 매수하는 방식이 일반적인 사람들의 구매 모습이다. 그런데, 저렴한 가격에 사는 행동은 부동산을 매수하는 상황에도 동일하게 적용된다. 그렇다면 부동산을 어떻게 저렴하게 매수할 수 있을까?

먼저, 부동산 가격이 하락하는 하락장에 매수하는 것이다. 예를 들면, 관심 있게 지켜보던 아파트가 10억 원까지 상승한 후 하락하여 현재 7억 원 수준에서 거래된다고 생각해보자. 갑자기 아파트에 노후화가 발생하거나 주변에 커다란 악재가 발생하지 않는다면, 아파트가 주는 효용가치는 변화하지 않고 시장의 흐름 변화에 따른 가격만 3억 원이 저렴해진 상황이다. 물론 아무리 관심을 가지던 부동산이더라도 하락장에 매수하려는 선택은 큰 모험으로 생각하기 쉽다. 하지만, 매수할 여력이 있고 매수도 계획하고 있다면, 10억 원인 시점에 사야 하는지 7억 원인 시점에 사야 하는지에 대한 명확한 정답은 정해져 있다. 바로 절대 가격이 저렴한 하락장에 사야 하는 것이다.

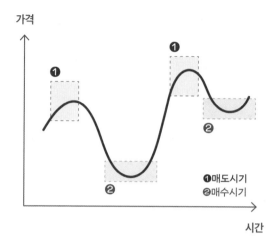

도표 2-7 싸게 사는 방법 : 절대 가격이 낮은 하락장에서 매수

물론 부동산 사이클 상, 하락장이 아닌 시점에 매수해야 하는 경우가 있다. 이 상황에서도 저렴하게 살 수 있는 방법이 존재한다. 바로 경매를 활용하여 매수하는 것이다. 경매는 시세보다 낮은 가격에 부동산을 취득할 수 있다는 장점으로 인해 인기 있는 투자법이다. 특히 하락장에는 부동산 분위기가 가라앉은 상황에서 여러 번 유찰될 가능성이 높아지는 만큼, 가격이 감정가보다 매우 낮은 금액에도 취득이 가능하다. 결론석으로 하락장이나 경매를 이용하여 부동산을 매수한다면 절대 가격이 싼 가격으로 매수할 수 있다.

아파트 매도의 기술

⊘ 상대 가격이 저렴한 매물을 매수하기

부동산 시장의 사이클을 이해하고 가치가 동일한 물건의 가격이 저렴한 시기인 하락장에 매수하는 것이 가장 좋은 방법이다. 하지만, 사람들은 심리적으로 가격이 더 비싸지는 상승장에서 매수하려는 행동을 보인다. 하락장이 고점 대비 싸다는 것을 머릿속으로는 알지만 오히려 더 하락할 수 있다는 생각이 크게 작용하여 매수에 대한 거부감이 발생하기 때문이다. 하락장에 매수하면 좋겠지만 사지 못한다고 해서 좌절할 필요는 없다. 그럼에도 싸게 살 수 있는 방법이 있기 때문이다. 바로 가치 대비 저평가되어 있는 물건을 매수하는 것이다.

　<도표 2-8>처럼 장기간 가격대가 비슷한 2개 물건이 있다고 생각해보자. 크게 호재가 없음에도 갑작스럽게 ❶번 매물의 가격이 상승하여 ❷번 매물과의 가격이 벌어지는 상황이 발생한다면 여러분은 어떤 매물을 매수하겠는가? 이번에도 상승장과 같이 더 오를 가능성이 있다는 이유로 ❶번 매물을 매수할 것인가? 물론 부동산 가격에 영향을 줄만한 요인교통망, 일자리 등이 반영되어 ❶번 매물의 가격이 상승했을 가능성도 존재한다. 하지만, 이러한 호재가 없다면 일반적으로 가치가 비슷한 부동산 간에 생기는 가격 격차는 수요의 바람이 ❶번 매물에 먼저 불어와서 생겼을 가능성이 크다. 그래서 현명한 투자자라면 과거부터 유사한 가격대를 형성하며 사실상 가치가 동일했던 부동산이지

만, 현재 가치 대비 저평가되어 있는 ❷번 매물을 매수해야 한다.
과거부터 유사한 흐름을 보이는 부동산은 결국 비슷한 가격에서
만날 가능성이 높으므로 현재 가격이 저렴해진 매물을 매수해야
한다.

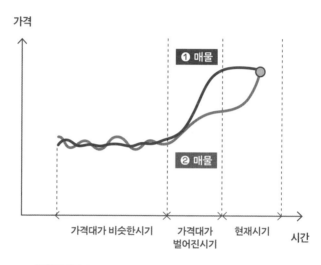

도표 2-8 싸게 사는 방법 : 상대 가격이 저렴한 물건을 매수

더 이상 오를 가능성이 없다면 과감하게 매도하자

<도표 2-9>와 같이, 매수 당시 자신만의 근거와 논리를 바탕으
로 가치 대비 가격이 저렴하다고 판단하는 매물에 투자하였을
것이다. 이렇게 투자한 결과가 긍정적인 투자성과로 이어지며
스스로 적정 가치라고 생각했던 금액에 도달한다면 다시 한 번

아파트 매도의 기술

가치 대비 가격이 저렴한지 확인해보자. 혹시라도 더 이상 상승할 가치가 높지 않거나 혹은 가치 대비 추가 상승한 것으로 판단되면 적극적으로 매도하여 현금화하는 것이 필요하다. 일반적으로 가치와 가격이 동일하다면 현실적으로 특별한 호재나 기타 요인이 발생하지 않는 이상 추가 상승을 바라는 건 지나친 욕심일 가능성이 높다.

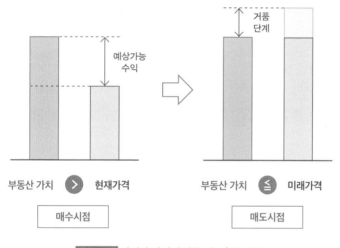

도표 2-9 가치와 가격에 따른 매수/매도시점

혹시라도 운이 좋게 가격이 가치 이상으로 올라간 상황이라면 거품일 가능성이 높은 만큼 더더욱 수익화에 집중해야 한다. 물론 냉철한 기준을 바탕으로 투자한 사람이라도 가격이 올라가는 모습을 보다보면 욕심이 생겨 매도를 주저하게 된다. 그 결과, 당초에 원하던 이익에 도달하더라도 매도라는 행동으로 실현하기까지 참으로 어렵다. 명백한 이익이라는 목표가 있어도 자신이 스스로 종료 결정을 내려야만 끝나는 게임이기 때문이다. 그러나 투자에서 가치와 잠재이익이 예상했던 수준에 왔다면 생각을 바꿀만한 결정적인 이유가 없는 한 반드시 수익 실현이라는 목표를 달성하기 위해 매도해야 한다.

　가치를 파악할 수 있는 실력 있는 투자자라면 새로운 저평가 지역을 찾아서 한 단계, 한 단계 더 좋은 지역으로 바꿔가는 과정이 필요하다. 특히 가치를 냉철하게 판단하여 투자에 성공하였다면 본인이 1차적으로 선정한 부동산에 대한 올바른 판단 능력이 있는 것이기 때문이다. 그 실력을 바탕으로 이익의 확정에 대한 기쁨을 즐기면서 새로운 투자를 위한 자산으로 활용해야 한다.

3장

매도를 잘 하기 위해
꼭 알아야 하는
부동산 사이클

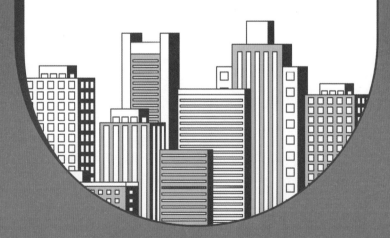

아 · 파 · 트 　 매 · 도 · 의 　 기 · 술

매도를 잘하기 위해서는 과거의 사이클을 이해하고 현재 상황을 잘 파악
해야 한다. 또한 사이클 변화에 심리가 중요하게 작용하는 만큼 사람들의
심리를 이해하는 것이 중요하다.

부동산 사이클
이해하기

부동산 사이클이란?

부동산 투자가 성공적인 결과로 이어지기 위해서는 다양한 사항을 고려해야 한다. 매수에 기본이 되는 입지, 브랜드, 세대수 등뿐만 아니라 매도 시기, 수익률 등 검토할 사항이 많다. 심지어 부동산이 주는 요인뿐만 아니라 개인별 상황이 복잡하게 연계되어 있는 만큼 상황을 이해하는 것이 필요하다. 이러한 다양한 요소와 상황이 복잡하게 연결되어 있는 부동산 시장에서 매도 시 반드시 고려해야할 지표가 있다. 바로 부동산 사이클이다.

부동산 사이클이란 부동산의 가격이 수요와 공급과 같은 자연

발생적인 현상과 인간의 심리 변화로 인한 행동이 상호 결합되어 상승과 하락의 패턴을 반복적으로 만드는 것을 말한다. 크게 상승장과 하락장 2단계로 나눌 수 있으며 더욱 세분화하여 나눈다면 하락기-안정회복기-상승기-폭등기-침체기 총 5단계로 구분할 수 있다.

 이러한 사이클이 중요한 이유는 크게 두 가지로 설명할 수 있다. 첫째, 사이클을 이해하지 못하고 투자하는 경우에 실패로 이어질 수 있다는 점이다. 가격이 올라가는 사이클에서 하락을 예측하여 매도를 하거나 폭등하는 시기에 뒤늦게 매수 행위에 참여한다면 나 홀로 손실을 볼 수 있기 때문이다. 둘째, 반복되는 사이클을 이해하고 대처한다면 시장 상황을 내편으로 만들 수 있기 때문이다. 부동산 사이클은 반복된다. 사이클별 패턴이나 주기는 상황에 따라 달라질 수 있지만, 정부정책이나 시장 분위기 등 기틀은 크게 달라지는 것 없이 유사하게 흘러간다. 이러한 사이클별 상황을 이해한다면, 투자라는 성공에 한발 먼저 다다를 수 있으며 성공률 역시 높일 수 있다.

부동산 사이클을 이해하지 못하는 이유

주식 분야의 전문가로 유명한 하워드 막스는 투자자들이 사이클

아파트 매도의 기술

을 이해하지 못하는 이유를 다음과 같이 5가지로 제시하였다. 이러한 이유를 근거로 하락장에서 겪는 사람들의 상황을 분석해보면 훌륭한 설명으로 해석될 수 있다.

하워드 막스의 사이클에 대해 이해 못하는 5가지 이유

① 사이클의 특성과 중요성에 대한 이해의 부족

② 다양한 사이클을 경험해볼 만큼의 투자 경험의 부족

③ 과거 사이클 이해 변화에 대한 공부 부족

④ 사이클을 변화시키는 요인과 심리 영향에 대한 이해 부족

⑤ 변화되는 사이클에서 효율적인 대처 방법에 대한 지식 부족

부동산 상승장에서 처음으로 투자를 시작한 사람들은 사이클의 변화를 예측하지 못하고 무조건 상승장으로 이어질 것으로 판단하였다(위의 표에서 ①, ②). 더더욱 최근에 투자한 20~30대의 경우에는 과거 정부별 변화하는 시장의 흐름을 경험하지 못하였으며 어떻게 변화하였는지에 대한 공부 역시 부족하였다(②, ③). 전세나 매매 그리고 수요 공급과 같이 사이클 변화에 영향을 미치는 요인들을 모를 뿐만 아니라, 사람들의 심리가 사이클 변화에 얼마나 중요하게 작용하는지 간과하였다(④). 사전에 변화되는 사이클에 대해서 조금이나마 알았더라면 상승장 막바지 혹은 하락장 초기에 과감한 매도를 통해 이익을 실현했을텐데 대처 방법을

몰라서 보유하고 있다가 손해를 보는 경우가 발생하였다(⑤).

과거-현재 그리고 심리를 이용한 사이클 이해

매수는 물론이고 매도 세계에서 타이밍이라고 불리는 사이클을 포착하는 것은 생각보다 어려울 수 있지만 투자의 세계는 냉혹한 전쟁터라는 사실을 명심해야 한다. 투자를 하는 사람 모두가 윈윈Win-Win 할 수 있는 투자 방법은 세상에 존재하지 않는다. 누군가는 돈을 버는 반면 다른 누군가는 돈을 잃어야 하는 상황이라면 굳이 내가 손해의 주인공이 될 필요는 없다. 결국 투자에서 승리하기 위해서는 내가 산 가격보다 더 비싸게 사줄 누군가를 찾으면 되는 게임이기 때문에 사이클에 대해 충분히 이해하고 사이클에 맞는 투자 전략을 통해서 수익 창출에 집중해야 한다. 그러기 위해서는 사이클을 파악하고 대처하는 방법을 아는 것이 중요하다. 그렇다면 어떻게 사이클을 파악하고 대처할 수 있을까?

☑ 과거 사이클에 대해 이해하기

과거 사이클을 이해하기 위해서는 먼저 정부 정책을 이해해야 한다. 부동산 정책은 부동산 사이클에 따라 일부 달라질 수 있지만 그럼에도 불구하고 보편적으로 변화 과정에서 공통점이 나타난다. 정부에서 거래를 유도하거나 규제를 완화하는 정책을 펼친다면 부동산 가격이 하락하는 분위기일 가능성이 높다. 반대로 각종 규제를 강화하거나 투자수익을 제한하는 정책을 펼친다면 부동산 가격이 상승할 가능성이 높다.

이러한 기본적인 흐름은 과거에도, 현재에도, 미래에도 공통적으로 펼쳐지게 될 가능성이 높은 만큼 현재의 모습을 이해하고 미래를 예상하는 데 활용해야 한다. 꾸준히 정부 정책을 살펴보고 정책이 목표로 하는 대상이 무주택자인지 혹은 실거주자인지 아니면 다주택자인지 구분하여 분석한다면 사이클의 흐름을 이해하는데 도움이 될 것이다. <도표 3-1>은 하락장과 상승장에서 반복되는 정책인 만큼 주의 깊게 살펴보자.

시장 상황	정책목적	세부목적	대책방법	특징
하락장	경기활성화	거래확대	1) 분양권 전매 제한 완화 2) 토지거래허가구역 해제 3) 청약 당첨 이후 기준 완화 　(거주기간, 거주의무 등) 4) 대출 활성화 　(매수, 전세자금 기준 완화) 5) 투기지역 해제 6) 재건축 안전진단 규제 완화 7) 1가구 2주택 기준완화 　(2년→3년) 8) 세금 감면 및 면제 　(취등록세, 양도세 등) 9) 미분양 아파트 정책 지원	"완화,해제"등 부양정책
		공급제한	1) 신축 아파트 공급계획 제한 　적 승인(미분양 사전 예방)	미분양 예방

시장 상황	정책목적	세부목적	대책방법	특징
상승장	투자억제	거래제한	1) 분양권 전매 제한 2) 토지거래허가구역 지정 및 확대 3) 청약 당첨 이후 기준 강화 4) 대출 제한 　(LTV, DTI, DSR 등) 5) 투기지역 확대 　(서울/수도권 → 전국단위) 6) 재건축 안전진단 규제 강화 7) 세금 강화(종합부동산세, 　재산세, 취등록세 등) 8) 다주택자 규제 정책	"각종 기준 도입, 제한" 등 억제 정책
		공급확대	1) 신도시 개발 및 임대주택 공급	사회적 갈등 방지
		이익제한	1) 초과이익 환수제 도입 2) 분양가 상한제 도입	

도표 3-1 과거 상승장/하락장 사이클에 따라 반복되는 정책

⊘ 투자자의 심리 이해하기

부동산 사이클에 따른 투자자의 심리에 대해 이해하는 것 역시 중요하다. 특히 부동산은 주거라는 본연의 특성에 자산이라는 개념이 결합되어 있다. 특히 자산이라는 개념이 더 중요하게 부각된다면 사람들의 본성에 숨어 있던 투자 심리가 더욱 더 표출되게 된다.

특히 상승과 하락이라는 극단으로 나아가는 상황이라면 더욱 더 심리가 크게 작용한다. 부동산이 침체되어 있는 하락장에서는 사려는 심리가 완전히 사라지는 반면 조금씩 분위기가 바뀌

아파트 매도의 기술

는 상황이면 매수해볼까라는 심리로 변화하게 된다. 점차 상승을 지나 폭등기로 이어지면 부동산에 관심도 없던 사람까지 매수시장에 등장하고 묻지마 투자와 같은 비정상적인 극단의 모습으로 표출되는 것이다.

우리는 인간의 투자 심리를 따르기도 하고 때로는 역으로 이용하는 전략을 펼쳐야 한다. 즉, 투자 심리가 살아나기 직전이라면 시장에 먼저 진입하거나 반대로 투자 광풍과 같은 심리가 일정기간 이상 지속되었다면 시장에서 이탈하는 것을 검토하는 것이다. 그래서 이성적인 사고를 바탕으로 심리의 변화를 감지하고 대응하는 전략을 선보여야만 투자자로서 성공적인 결과를 얻을 수 있다.

시장 상황	매수 심리	매도심리
하락장	더 떨어질 수 있으니 매수는 보류	더 떨어지기 전에 적극적 매도
상승장	부동산은 우상향이니 무조건 매수	폭등할 수 있으니 매도는 보류

도표 3-2 상승장/하락장 사이클에서의 일반적인 투자 심리

⊘ 현재 부동산 사이클 위치 파악하기

과거 부동산 정책이나 사람들의 심리를 이해하는 행동은 현재 사이클의 위치가 어디인지 파악하기 위함이다. 현재 위치를 분석하

고 위치에 대한 대응전략을 펼쳐 나간다면 최소한 투자 세계에서 우위의 위치에 있을 것이다. <도표 3-3>과 같이 투자 황금기인 시장에 매도하고 투자 불경기에 매수하는 전략을 펼칠 수 있는 투자자로 거듭날 수 있도록 사이클에 대한 공부를 시작해보자.

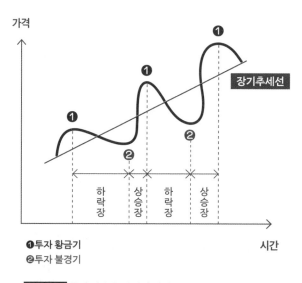

도표 3-3 물가 상승을 반영한 장기 추세 속 사이클의 흐름

　과거 사이클, 투자 심리 및 현재 사이클을 종합적으로 검토한다면, 어느 타이밍에 매도를 해야 좋은 투자 성과를 얻을 수 있는지에 대해 파악할 수 있다. 물론 이러한 요소들을 종합적으로 분석하더라도 최적의 타이밍을 포착하는 것은 쉬운 일이 아니다. 그렇지만 쉬운 일이 아니라고 넋 놓고 방관하다 보면 그 결과의 고통은 본인 스스로 감수해야 한다. 그러므로 사이클의 중요성을 다시 한번 가슴속에 새기고 성공적인 투자 세계에 진입해보자.

아파트 매도의 기술

02

부동산 사이클의
변화와
시대별 정책

부동산 사이클의 흐름 변화

"미래를 알고 싶으면 먼저 지나간 일을 살펴보라"라는 말이 있다. 지나간 과거가 중요한 이유는 현재와 미래를 보는 거울이기 때문이다. 현재의 부동산 사이클을 이해하고 다가올 미래의 방향을 예측하기 위해서는 우리나라의 부동산 사이클이 과거부터 현재까지 어떻게 변화해왔는지 살펴보는 것이 중요하다.

그렇다면 부동산 사이클은 어떻게 변화해 왔을까? 변화 흐름을 파악하기 위해서는 주택매매 가격증감률을 살펴봐야 한다. 주택매매 가격증감률이란 각 연도 12월 기준 주택매매 가격지수의 전년 대비 증감률을 나타내는 지수이다. 특정 시점 기준 1년 사이의 가격변동을 비교할 수 있는 만큼, 물가상승률을 사실상 배제하고 오로지 부동산 흐름을 파악하기에 좋은 자료이다. <도표 3-4>를 보면, 1986년부터 2023년 현재까지 국내 매매시장은 7차 상승과 7차 하락을 반복하고 있다. 그 중 2023년 8월 현재, 7차 상승을 지나 하락을 경험하고 있으며 최근 사이클은 2021년 11월을 기점으로 변화되기 시작하였다.

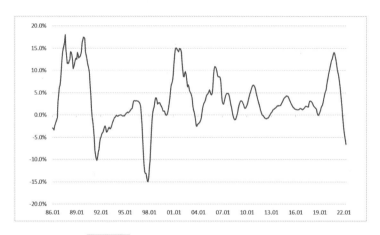

도표 3-4 대한민국 부동산 시장 매매 가격증감률

<도표 3-5>와 같이 각 사이클을 자세히 살펴보면 7번의 상승과 하락을 반복하는 동안 한 주기가 완성되는데 걸리는 기간은 평균 64개월이다. 상승장은 평균 약 43개월 간 지속되는 반면 하락장은 평균 21개월 지속 후 반등하였다. 상승률 분포는 1986년부터 1989년까지 25% 수준의 급격한 오름세를 기록하였으며, IMF를 통해 폭락했던 부동산 시장이 상승기를 거쳐 2001년

정점을 찍을 때까지 커다란 상승을 기록하였다. 그 이후는 최대 10% 수준으로 상승을 이루다가 최근 상승장에서는 15% 이상의 상승을 기록한 이후에 하락으로 이어지고 있다.

사이클의 차수별 기간은 점차 감소하는 추세를 보이다가, 지난 7차 사이클 차수에서 다시 기간이 증가하는 모습을 보인다. 1차는 79개월, 2차는 76개월, 3차는 72개월, 4차는 56개월, 5차는 47개월, 6차는 46개월로 감소하다가 7차 사이클에서 76개월로 길어진 것이다. 또한 사이클 차수가 지나갈수록 상승의 폭과 하락의 폭이 다소 완만한 형태로 진행되었으나, 7차 사이클에서는 급격한 상승 이후 하락의 모습 또한 급격한 기울기를 보인다.

사이클차수	사이클	시기	진행 기간 (개월)	사이클 기간 (개월)	당시 정부
1차	상승	1986.01~1990.12	60	79	13대 노태우
	하락	1991.01~1992.07	19		
2차	상승	1992.08~1997.04	57	76	14대 김영삼
	하락	1997.05~1998.11	19		15대 김대중
3차	상승	1998.12~2002.04	41	72	
	하락	2002.05~2004.11	31		16대 노무현
4차	상승	2004.12~2007.02	27	56	
	하락	2007.03~2009.07	29		17대 이명박
5차	상승	2009.08~2011.10	27	47	
	하락	2011.11~2013.06	20		

사이클차수	사이클	시기	진행 기간 (개월)	사이클 기간 (개월)	당시 정부
6차	상승	2013.07~2015.12	30	46	18대 박근혜
	하락	2016.01~2017.04	16		
7차	상승	2017.05~2021.11	55	76 (진행중)	19대 문재인 20대 윤석열
	하락	2021.12~2023. 현재	21		

도표 3-5 대한민국 7차 사이클별 진행 기간 및 당시 정부

역대 부동산 정책

부동산 사이클 변화로 인한 상승과 하락을 경험하면서 정부는 어떻게 대응했을까? 우리나라 정부는 국민의 투표로 결정되기 때문에 많은 사람들은 유권자의 성향에 맞는 정책을 펼친다고 생각한다. 그래서 보수정권은 자율화와 시장주의 관점에서 완화/개방정책을 펼치는 반면 진보정권은 안정 및 투기 억제를 위한 규제 정책을 내놓는다고 인식한다. 물론 이러한 사람들의 생각이 맞을 때도 있지만 보통 정부의 부동산 정책은 정권과는 상관없이 시장 분위기와 경제 상황에 맞춰 결정된다.

보수라고 불리는 노태우 정부는 이전 정권에서 발생한 주택 부족 현상과 더불어 폭등한 부동산 가격을 안정화시키기 위해 강력한 투기 억제 정책을 선보였다. 빈면 김영심 정부는 안정화된 시장 분위기로 인해, 금융실명제나 부동산실명제와 같은 완

아파트 매도의 기술

화된 안정 정책을 제시하였다. 진보의 상징인 김대중 정부는 외환위기를 극복하고 무너진 부동산 경기를 활성화하기 위하여 부동산 규제 완화에 집중하다가, 임기 후반기가 되어서 부동산이 과열됨에 따라 규제정책으로 전환하였다.

노무현 정부는 정권 성향보다는 김대중 정부에서 폭등한 부동산 가격을 잡기 위하여, 굵직한 규제 정책을 많이 진행하였다. 이명박 정부는 금융위기에 따른 부동산 시장 침체를 극복하기 위해 완화 정책도 펼치는 반면 때로는 부동산 시장과 지역별 규제를 강화하는 등 혼재된 정책을 선보이게 되었다.

박근혜 정부는 전세 시장 안정화 및 매매 시장 활성화를 위해 규제 완화를 펼치면서 "빚내서 집사라"라는 정책기조가 발표되기도 하였다. 임기 후반기에는 오히려 부동산 시장이 과열되면서 규제 강화정책으로 전환되었다.

문재인 정부에서는 박근혜 정부 말기에서 시작된 투자 열기를 막기 위해 투기와의 전쟁과 같은 강력한 정책을 선보였다. 그러나, 현실적으로 폭등을 막지 못하였으며 지나친 폭등 이후 자연스럽게 하락을 맞이하게 되었다.

	노태우정부 (1988~1993년)		김영삼정부 (1993~1998년)	
	전반기(2~7월)	후반기(8~1월)	전반기(2~7월)	후반기(8~1월)
1년차	토지거래허가제 (안정화)	토지과세부과 (안정화)	주택투기예고 지표 도입 (안정화)	금융 실명제 도입 (안정화)
2년차	1기 신도시 공급 및 분양권 전매 금지 (안정화)	토지공개념 3법 재정 (안정화)	수도권 택지 공급 계획 (안정화)	주택임대사업자 제도 도입 (안정화)
3년차	서울 주택공급 확대 (안정화)	주택가격 안정정책 및 투기억제방안 (안정화)	부동산 실명제 도입 (안정화)	미분양 대책수립 (활성화)
4년차	200만 가구공급 조기계획 (안정화)	공급계획축소	민간택지 분양가 자율화 (활성화)	부동산 양도신고제 시행 (안정화)
5년차	투기우려지역 고시 (안정화)	전매/전대 제한 (안정화)	채권 입찰제 재도입 (안정화)	IMF 구제요청 (활성화)

	김대중정부 (1998~2003년)		노무현 정부 (2003~2008년)	
	전반기(2~7월)	후반기(8~1월)	전반기(2~7월)	후반기(8~1월)
1년차	외국인 토지취득 자율화 (활성화)	토지초과 이득 세법 폐지 (활성화)	분양권 전매금지 및 재당첨 제한 (안정화)	종합 부동산세 제도발표 (안정화)
2년차	분양가 전매 제한 폐지 (활성화)	개발 이익환수법률 완화 개정 (활성화)	재건축 개발이익 환수제 시행 (안정화)	종합 부동산세 신설 (안정화)
3년차	대출지원 제도도입 (활성화)	양도소득세면제 및 취득세 감면 (활성화)	투기혐의자금 출처조사 (안정화)	양도소득세 중과 (안정화)
4년차	전세/구입 대출금리 인하 (활성화)	소형주택 의무화 비율 적용 (안정화)	판교 신도시 분양 (안정화)	서울 투기지역 지정 (안정화)
5년차	서울 투기과열지구 지정 (안정화)	양도소득세 중과 및 감면혜택 폐지 (안정화)	분양가 상한제 도입 (안정화)	미분양 아파트 대책 (활성화)

	이명박정부 (2008~2013년)		박근혜정부 (2013~2017년)	
	전반기(2~7월)	후반기(8~1월)	전반기(2~7월)	후반기(8~1월)
1년차	미분양 대책발표 (활성화)	부동산 거래 활성화 정책 (활성화)	주택시장 정상화 대책발표 (활성화)	전월세 대책 (활성화)
2년차	신축구입시 5년양도소득세 면제 (활성화)	LTV 완화 (활성화)	경제 활성화 대책발표 (활성화)	부동산 3법 완화 개정 (활성화)
3년차	지방 주택 경기활성화 (활성화)	고소득자 장기 전세주택 입주 제한 (안정화)	반값중개수수료 도입 (활성화)	건축투자 활성화 대책 발표 (활성화)
4년차	전/월세 안정대책 (안정화)	강남투기과열지구 해제 대책 (활성화)	임대주택 확대 (안정화)	가계부채관리방안 발표 (안정화)
5년차	강남3구 투기지역해제 (활성화)	금융위기발 경기부양 대책 (활성화)		

	문재인정부 (2017~2022년)	
	전반기(5~10월)	후반기(11~4월)
1년차	주거안정 정책발표 (안정화)	임대주택 활성화 방안 (안정화)
2년차	부동산세 개편 및 대출 규제 (안정화)	수도권 주택공급/ 교통망 발표 (안정화)
3년차	민간택지 분양가 상한제 (안정화)	주택시장 안정화 방안발표 (안정화)
4년차	수도권 주택공급 기반강화 (안정화)	공공주도 3080+ (안정화)
5년차	신규공공 재건축 발표 (안정화)	서민 주거안정 (안정화)

도표 3-6 역대 정부의 연차별 부동산 정책

03

부동산 사이클을
파악하는 방법

시장 분위기와 정보를 활용하여 시그널 포착하기

우리는 어떻게 사이클을 파악해야 할까? 사이클을 파악하기 위한 최적의 방법은 데이터 정보와 현장 정보를 결합하여 자신만의 기준 자료를 만드는 것이다. 데이터 정보는 언론에서 다루는 정보를 바탕으로 정부 정책을 살펴보면서 각종 부동산 사이트에서 제공하는 지표를 결합하여야 한다. 또한 현장 정보는 주기적으로 공인중개사를 방문하면서 시장 분위기를 확인하여 얻을 수 있다. 이러한 시장 사이클을 파악하기 위해서는 상승장과 하락장의 분위기를 살펴보는 것부터 시작해야 한다.

아파트 매도의 기술

① 상승장에서의 사회적 분위기

상승장에서는 다음과 같은 분위기가 연출된다. 각종 언론은 집값 조정의 시기가 지나고, 드디어 내 집을 마련해야 한다는 뉴스를 집중적으로 보도한다. 각 아파트별로 새로운 신고가가 형성되었다는 소식과 함께 본인이 거주하거나 관심 있던 아파트의 상승세를 보면서 사람들은 어느 순간 부동산은 우상향한다는 낙관적인 상승론을 의심 없이 수용한다. 향후 발생할 수 있는 리스크에 대한 고민은 사그라진 채, 갭투자를 통해 다주택자가 된 사례나 심지어 법인을 설립하여 운영한다는 사례 역시 심심치 않게 볼 수 있다.

적극적인 대출을 시행한 은행들의 실적이 최고라는 기사가 연일 보도되거나, 서점에서는 부동산 투자로 자산이 수십억, 수백억이 되었다는 책들이 베스트셀러로 등극한다. 이와 더불어 정부는 다주택자를 투기꾼으로 인식하여 규제하거나 각종 대출제한을 하는 등 규제 위주의 정책을 부동산 안정화 해법으로 제시한다.

② 하락장에서의 사회적 분위기

하락장에서는 정반대의 상황이 연출된다. 안전자산이라고 인식되던 부동산에도 가격이 하락한다는 기사가 속출한다. 최고가 대비 몇 억 원씩 하락했다는 기사와 함께 대출이자로 힘들다는 소식도 연일 다루어진다. 과거와 대비해서 가격이 하락했음에도 언제 더 하락할지 모른다는 비관론적 하락론을 추종하는 사람들이 증가한다. 이러한 심리는 사람들에게 전염되어 부동산은 멀리해야 하는 존재로 인식되면서 내 집 없이 전세에 거주하는 사람들이 사실상 최후의 승자가 되는 분위기로 변화한다.

은행에서는 지속적인 하락에 따른 대출금 상환 연체를 걱정하고, 사람들은 역전세나 깡통전세와 같은 힘든 상황을 토로하기도 한다. 이 시기에는 일반적인 부동산 투자 관련 책에 대한 관심은 줄어드는 반면, 경매와 같은 책들이 서점 랭킹에서 높은 순위를 차지한다. 정부는 투기지역 해제, 재건축 규제 완화 등 다양한 정책을 펼치면서 경기 활성화를 위해 노력하는 모습을 선보인다.

상승장의 소식들	하락장의 소식들
1) 긍정적인 뉴스 2) 부동산 낙관론의 우세 3) 회의주의 감소 4) 위험회피 성향의 감소 5) 투자 성공기와 같은 책들의 인기 6) 정부의 규제강화	1) 부정적인 뉴스 2) 부동산 비관론의 우세 3) 회의주의 증가 4) 적극적인 위험회피 성향 5) 금융시장의 경색 6) 정부의 규제완화 7) 경매 책의 열풍

도표 3-7 상승장과 하락장의 분위기와 소식들

아파트 매도의 기술

시장이 주는 시그널들을 이해하기

시장이 주는 각종 시그널을 통해 상승장과 하락장이 주는 정보를 읽어냈다면, 우리는 한 단계 더 나아가야 한다. 정보를 바탕으로 투자에 접목시키는 과정으로 확장되어야 한다. 다양한 사이클의 분위기나 경제뉴스 등을 살펴보는 이유는 단순히 단편적 사실만을 파악하기 위해서가 아니라, 종합적 판단을 통해 투자 성공이라는 결론에 도달하기 위함이다. 그래서 단순히 기사의 정보가 '상승장이구나, 하락장이구나'라는 단편적인 지식 습득만으로는 현실적으로 투자에 크게 보탬이 될 수 없다. 따라서, 종합적으로 검토하고 확장하여 투자를 해나가야 한다.

예를 들면, 뉴스를 보다가 '미국 기준금리'가 인상되었다는 기사를 접하게 되면 자연스럽게 우리의 사고는 국내 금리 인상 여부로 이어져야 한다. 현재 국내 기준금리를 바탕으로 감당할 수 있는지 여부를 검토한 후 금리가 지나치게 상승하고 있다면, 다음 단계인 현재 부동산 시장이 하락장인지, 상승장인지를 판단해야 한다. 만약 부동산의 분위기도 상승세가 한풀 꺾이는 상황으로 판단되면, 본인이 처한 상황을 바탕으로 대책 전략을 수립해보자.

<各종 정보를 통하여 투자 확장하기>

미국 금리인상이나 대외변수가 발생했다는 기사를 접하면

⬇

국내 금리 역시 오를 수 있겠네, 그렇다면 사람들이
감당할 수 있는 금리 수준인가?

⬇

금리 변동은 대출과 연계되어 시장에 영향을 주는 만큼
지금 부동산 시장 사이클은 어떻지?

⬇

점차 사람들의 부동산 분위기도 좋지 않고,
상승세도 한풀 꺾이는 분위기인데?

⬇

침체기로 진입하는 분위기로 이어진다면
현재 보유 아파트를 어떻게 해야 하지?

⬇

매도에 대한 종합 검토가 필요하다!

단순히 금리 하나의 예를 들어 설명하였지만, 수요/공급, 유동성, 정부정책, 환율 등 다양한 정보들이 존재한다. 이러한 주요 정보를 바탕으로 다양한 가능성을 예측하고 논리적으로 확장할 수 있는 노력을 통해, 부동산 투자에 접목할 수 있는 방법을 체득해야 할 것이다.

04

부동산 사이클이
알려주는 시그널

부동산 사이클은 상승과 하락이라는 두 개의 흐름에서 출발하며, 세부 단위로 나누면 하락기-안정회복기-상승기-폭등기-침체기 5단계로 구분할 수 있다. <도표 3-8>과 같이 사이클이 이루어지는데 하락기는 매도세매도하려는 의지나 힘가 매수세매수하려는 의지나 힘보다 강한 상태이다. 안정회복기는 하락 후 매도세와 매수세가 대체로 균형을 이루는 시기이다. 상승기는 매수세가 매도세보다 강한 상태이고 폭등기는 매수세가 월등히 강하며 가격이 급상승하는 시기이다. 침체기는 상승 이후 매수세가 약화되는 상황에서 균형을 이루는 시기이다.

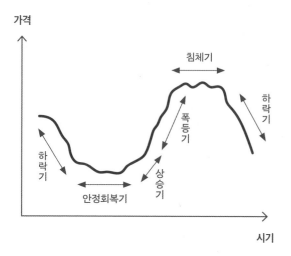

도표 3-8 5단계의 부동산 사이클 모습

올바른 투자 결과와 매도를 통한 수익화를 위해서는 각 단계
별 구체적인 상황을 이해하고 적절한 투자 전략을 수립하는 것
이 중요하다. 또한 현재 어떤 사이클인지 향후 어떤 단계로 전환
될지 예측해야 한다.

하락기의 흐름

① 일반적인 분위기

상승기와 폭등기를 거치면 매수를 향한 힘이 약해지면서 결
국 하락기로 이어진다. 경기가 좋은 시절에 아파트를 매수하려
고 했던 사람들이 모두 매수했거나 혹은 매수에 대한 부담으로

아파트 매도의 기술

사람들이 매수를 하나둘씩 포기하다 보면 어느덧 시장의 분위기가 하락기로 전환된다. 처음에는 특정 지역을 중심으로 폭락의 전조가 보이기 시작하는데 과도한 공급으로 인한 수요의 감소로 인해 미분양이 속출하기 시작한다. 그 이후, 상승장에서 최고가 대비 낮은 가격인 초급매물이 거래되더라도 처음에는 가족 간 거래로 치부하는 분위기로 만연하게 된다. 그러다 실제 거래내역이 정상적인 타인 간 거래로 확인되는 순간, 그 여파는 점차 퍼지게 된다. 하나둘씩 발생하는 지역별 초급매 소식이 시발점이 되어 서울/수도권 대표 아파트들의 하락으로 이어지며 점차 전국 단위의 하락으로 퍼져나간다.

상승기 혹은 폭등기에서 '더 이상은 안 되겠다'는 심리가 반영되어 막차로 뒤늦게 매수한 사람들은 자신이 매수한 부동산의 초급매물이 거래되면 엄청난 심리적 타격을 받는다. 가격 하락으로 인해 불과 1년도 채 되지 않은 상황에서 몇천만 원에서 몇억 원까지 사라지는 모습을 보다보니, 손실에 대한 생각이 머릿속에서 떠나지 않게 된다. 물론 실거주라는 자기 최면과 위안에도 불구하고, 적극적으로 부동산을 매수하는데 주도한 가족에 대한 원망과 함께 때로는 불화나 갈등으로 이어지기도 한다.

초초급매가 나오고 기존 고가 대비 호가가 낮아진 매물들을 보다보면 해당 아파트에 관심 있던 수요자는 "나도 바닥에서 하나 구매해볼까?"라는 생각을 하게 된다. 하지만 해당 가격에서 추가적으로 더 하락해도 버틸 수 있으며 "투자에는 리스크가 존재한다."라는 투자 마인드가 있는 사람들 사이에서 일부 거래될 뿐, 추가 하락에 대한 생각으로 인해 좀처럼 실제 거래로 이어지지 않는다. 실거주자의 경우, 갈아타기를 하려고 해도 내가 살고 있는 집이 팔리지 않아 더 나은 아파트로의 이주 역시 사실상 단절된다. 결혼이나 분가 등 당장 집이 필요한 사람들 역시 떨어지는 분위기에 매수를 꺼려하며, 당장은 안정적인 전세를 선호하는 분위기로 이어진다.

② 청약 분위기

대다수 아파트에 대한 청약수요는 감소하며 청약 열풍은 더 이상 찾아보기 힘들다. 시장 분위기가 좋은 상황에서는 내 집 마련의 필수품으로 인식되던 청약 통장이 하락기에 진입하면 애물단지로 간주된다. 그 결과, 신규로 청약에 가입하는 사람 수가 감소하고 심지어 해지하는 비중이 늘어나는 추세로 이어진다.

이보다 더 위기는 상승장에 청약에 당첨된 상황인데 하락기를 맞이하면서 자금 마련에 어려움을 겪게 된다. 기존 집을 매도하고 새집으로 갈아타기를 계획하고 있던 사람들은 내 집 매도가 원활하게 진행되지 않아 잔금을 치르는데 애로사항이 발생한다. 급한 불을 끄기 위해서 현재 거주하는 집을 전세로 돌리고 잔금을 맞출 계획을 하지만, 하락기에서는 기존에 보유한 집 역시 전세 가격이 하락할 가능성이 높아 계획한 잔금을 맞추기 어려운 상황으로 이어진다. 결국 기존 계획 대비 더 큰 돈을 조달해야 하며, 하락기와 대출 금리까지 상승하는 시기가 겹치기라도 한다면 고통은 극에 달하게 된다. 모든 자금을 조달하여 잔금을 맞추면 그나마 다행이지만, 자금조달이 어려워 모든 집은 전세로 주고 본인은 월세로 살 집을 찾는 '일시적 1가구 2주택 월세살이'라는 아이러니한 상황을 맞이하게도 된다. 최종 잔금을 맞출 능력이 없다면 눈물을 머금고 손해를 감수하면서라도, 당첨된 아파트를 매도하는 상황이 발생한다. 그 결과, 분양가 대비 매도가격이 낮아지는 마이너스 프리미엄 단지가 생겨난다.

③ 전세 분위기

전세는 어떻게 될까? 일반적으로 매매가가 하락하기 때문에 전세가 역시 같이 하락한다. 기존 매매가와 전세가의 차이가 크지 않던 부동산의 경우, 역전세_{아파트 매매 가격이 급락하면서 전세 가격이 계약 당시보다 하락하여, 집주인이 세입자에게 기존 보증금을 돌려주기 어려운 상황}가 발생하기도 하고 때로는 깡통전세라고 불리는 상황까지 연출된다. 이러한 전세 분위기로 인해 집주인은 기존 전세 가격과 비슷한 수준으로 새로운 세입자를 구하기가 어렵다 보니, 기존 세입자가 계약을 연장하여 지속적으로 거주하기를 희망하는 분위기로 바뀐다.

④ 투자 분위기

하락기에는 신규 투자수요를 찾아보기 힘들다. 기존에 형성된 시세 대비 가격이 많이 하락했음에도 투자 자체에 대한 관심이 사라진다. 투자를 통해 수익을 얻는 것보다는 자산을 안정적으로 지키려는 행동으로 전환되어 향후 발생할 수 있는 매매가/전세가의 하락 그리고 역전세 가능성 등을 대비한다. '현금은 쓰레기Cash is Trash'라는 인식에서 '현금이 기회를 위한 보물'이라는 인식으로 전환되며 현금을 보유하려는 분위기로 변화한다.

⑤ 정부 분위기

정부 입장에서는 부동산의 극단적 상승이나 하락보다는 점진적 우상향을 통한 안정적 유지가 정권 유지에 도움이 된다고 판단한다. 그래서 지나친 하락은 경제적, 사회적 위기를 초래할 수 있는 만큼, 대책 마련을 통해 부동산 시장을 안정시키려고 노력한다. 특히 부동산 침체가 지속된다면 거래 부족으로 인한 세수 확보의 어려움, 소비 심리 위축으로 인한 경기 침체, 미분양 증가에 따른 건설업계 위기 등 전반적인 사회 분위기에 부정적인 영향을 끼친다. 그 결과, 정부와 국가 경제에 도움이 될 수 있는 방안을 찾기 위해 노력하며, 그동안 억제했던 각종 규제를 완화시키면서 안정화를 위한 정책으로 전환하게 된다.

정부는 부동산 시장이 지나치게 하락하는 경우에는 수요를 진작시키기 위해 취득세 비율을 낮추거나 심지어 면제해 주는 방향으로 이어지며 양도소득세 및 보유세 역시 완화하는 정책을 펼친다. 심지어 투기 대상으로 간주하던 다주택자에 대한 정책까지 완화하면서 거래를 유도하려고 한다. 기존 규제 지역으로 지정되었던 지역을 해제하는 방향으로 나아가는데, 지방부터 시작하여 점차 수도권까지 순차적으로 해제하면서 부양정책을 펼친다. 자금지원 역할을 하는 대출지원 정책도 제공하는 등 세제 혜택을 대안으로 꺼내기도 한다.

⑥ 건설사 분위기

거래절벽기인 하락기에서는 신규 공급 예정인 아파트에 대한 미분양이 늘어나게 된다. 또한 기존에 지어진 아파트 역시 팔리지 않는 상황으로 이어지는 만큼, 건설사는 새로 분양하기보다는 기존 매물을 팔기 위하여 노력한다. 거래를 유도하기 위하여 계약이나 입주시기에 맞춰 현금을 지급하거나 옵션과 발코니 비용 지원, 중도금 무이자 대출 등 각종 혜택을 제공하기도 한다. 미분양 상황이 심각하다면 최후의 보루라고 불리는 할인 분양 카드를 꺼내들게 된다. 일단 팔려야 매출이 발생하는 건설사 특성상 현금을 확보하는 것이 실적 방어에 도움이 되기 때문이다. 재건축 단지 조합원들이나 신규로 청약에 당첨된 사람들의 반대가 심각한 경우라면 할인 분양 역시 쉽지 않다. 그 결과, 자금력이 취약한 중소형 건설사 및 함께 건설을 담당한 하청업체 역시 자금문제가 발생하며 줄도산 위기가 현실화 되는 상황을 맞이한다.

⑦ 사회적 분위기

하락기와 더불어 지역별 수급의 불균형으로 인해 악성 미분양이라고 불리는 준공 후 미분양이 증가하는 지역은 장기적 침체의 흐름으로 이어진다. 특히 지방의 미분양 증가는 해당 지역 붕괴로 이어질 수 있는 만큼, 정부는 '지금 당장 미분양 주택을 사면, 매도 시점에 양도소득세를 안 물린다'라는 파격적 양도소득세 감면혜택을 선보이기도 한다. 더 이상 부동산 불패라는 인식이 사라진 만큼, 각종 부동산 교육이나 관련 책 등에 대한 관심은 줄어들고 오히려 경매에 대한 관심 높아진다. 고금리, 집값하락 여파로 영끌이나 갭투자로 주택을 구입한 집주인들이 이자를 부담하는데 결국 한계에 다다르면서 연체율 증가에 따른 경매시장에 나오는 부동산이 증가하는 시기가 바로 하락기이다.

하락기의 부동산 7요소

매매 가격	전세 가격	실거주 매수수요	투자 매수수요	정부정책	미분양	청약
하락세	하락세	없음	없음	완화 및 활성화 정책	증가 및 악성 미분양 발생	청약통장 해지 및 인기 하락

안정회복기의 흐름

① 일반적 분위기

오랫동안 하락이 진행되다가 어느 시점이 되면 부동산 시장에도 안정이라는 시간이 찾아온다. 안정회복기가 찾아오면 더 이상 하락할 수 있다는 두려움은 점차 사그라지면서 조금씩 부동산에 대해 관심을 보이는 분위기로 전환된다. 물론 이러한 관심이 행동으로 바로 전환되지는 않고 매수에 대한 심리 역시 여전히 회복되지 않아, 일부 선제적인 투자자들 사이에서 조심스럽게 거래가 이루어진다. 안정회복기 초기에는 상승으로 전환될 만한 원동력이 부족하고, 사람들의 심리 역시 위축되어 있어서 적극적인 매수세가 돌아오기에는 시간이 필요한 상황이다. 해당 지역별로 실거주 수요들은 여전히 매매보다는 전/월세를 선호하기 때문에 전세 수요 증가로 인해 전세 가격이 점점 상승하는 모습을 보인다.

② 전세 분위기

안정회복기는 전세에 대한 수요 공급의 불균형과 물량 회전에 문제가 발생하는 대표적인 시기이다. 우리나라 전세는 공공보다는 민간 공급 즉, 투자자인 집주인의 공급 물량이 월등히 많다. 그런데 전세 공급이 확대되려면 투자자들이 새로운 집을 매수한 후 전세로 공급해야 하는데 하락기에서는 투자자들이 매수에 대해 소극적인 행동을 보인다. 그 결과 신규 전세 매물이 증가하지 않는 만큼 전세 공급이 차단되는 효과로 이어진다. 또한, 전세 물량이 추가 공급되지 않는 상황에서 매물이 증가하려면 기존 전세 세입자가 매수를 통해 자가로 전환해야 한다. 그러나 현실적으로 계속 전세를 선호하던 사람들은 안정회복기가 도래하더라도 선뜻 부동산을 매수하는 경우는 드물다. 결국 전세 수요 대비 전세 물량이 부족해지는 상황이 벌어지며 시간이 지날수록 전세 가격의 상승으로 이어진다.

③ 투자 분위기

일정 시간이 지나 매매 가격은 안정되고 전세 가격이 상승하다보면 전통적인 부동산 투자방식인 갭투자전세 레버리지가 다시 고개를 들기 시작한다. 투자자들 사이에서는 소액의 투자금으로 매수가 가능하다 보니, 선제적으로 시장에 진입하는 사람들이 등장한다. 특히 이 시기야 말로 원하는 층이나 매물을 고를 수도 있고 부동산에서 대접을 받으면서 매수할 수 있다. 하지만 실거주 입장에서는 다르다. 그간 하락기를 겪은 사람들 역시 매매가와 전세가의 격차가 줄어드는 것을 목격할 것이다. 하지만 여전히 실거주자 입장에서는 하락할 수 있다는 두려움으로 인해 선뜻 매수하는데 어려움을 겪는다. 자신의 거주 지역을 잘 안다고 생각하는 실거주자들은 매수하지 않고, 투자 관점에서 냉철한 외부 투사사들의 먹잇감이 되는 시기가 바로 안정회복기이다.

아파트 매도의 기술

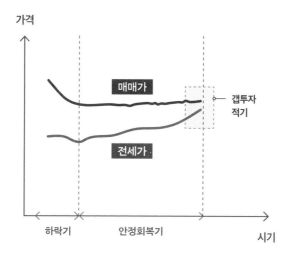

도표 3-9 전세가가 점점 매매가에 인접하는 안정회복기

④ 건설사 분위기

안정회복기가 되더라도 여전히 건설사들은 분양에 소극적이다. 침체 흐름이 이어지면서 여전히 사람들은 부동산 구매를 꺼려한다. 이에 건설사는 적극적인 신규 공급이나 택지지구 개발과 같이 즉각적인 자금이 투입되는 계획은 가급적 보류하고 유동성 확보를 최우선 과제로 추진한다. 연초에 연간 분양계획을 확정하는 건설사들 사이에서는 청약 참패를 우려하여 분양 시기를 미루는 모습까지 연출되기도 한다. 이러한 흐름이 일정기간 지속되어 신규 공급은 부족한 반면 정부의 규제 완화로 인해 점차 청약 경쟁률이 상승을 보이기 시작하면서 점차 미분양 아파트 숫자가 감소하기 시작한다. 점차 분양시장의 분위기가 활기를 되찾는 모습을 보이면서 건설사는 미뤄놨던 물량을 쏟아내는

등 점차 회복되는 모습으로 이어진다.

⑤ 청약 분위기

청약 분위기도 점차 긍정적 분위기로 전환된다. 미분양도 미약하지만 감소하고 전세가가 상승하는 추이를 보이면서, 변화의 흐름을 감지한 사람들이 청약시장에 먼저 진입한다. 물론 많지 않은 수의 제한적 공급이긴 해도, 건설사는 일부 계획된 공급을 진행한다. 그러나 여전히 상황이 좋은 방향은 아니다 보니 중도금 대출 유예 정책과 같은 청약 활성화를 위한 정책을 선보인다. 그 결과 청약 당첨 후 계약금 10%만 준비되어 있으면 매수가 가능한 상황도 볼 수 있다. 여건이 된다면 당장 큰 목돈이 필요하지 않고 계약금 수준의 돈으로도 집주인이 될 수 있으며, 완공시점에 부동산 시장이 나아질 것이라는 기대감으로 인해 청약 경쟁률이 높아진다. 결국 지난 하락기에서 청약의 필요성을 못 느끼고 통장을 해지한 사람들과는 달리 꾸준히 청약통장을 보유한 사람들에게는 기회의 시장으로 작용하는 시기가 바로 안정회복기이다.

⑥ 정부 분위기

안정회복기의 시기가 오면, 부동산 정상화 및 활성화를 위한 필요성이 중요한 이슈로 대두된다. 특히 부동산 경기침체로 인한 건설경기 악화 및 지자체 세금 확보의 어려움, 정권 연장의 불만 등 각종 부정적 상황을 극복하기 위해 정부는 부동산 시장 활성화 정책을 펴기 시작한다. 사람들에게 집을 사도록 유도하기 위해 분양가 전면 자율화와 같은 정책을 선보인다. 또한 그동안 억제했던 재건축 시장에 새로운 붐을 일으키기 위하여 규제 완화를 내세운다. 정부의 활성화 정책은 시장의 거대한 분위기를 조금씩 변화시키고 수요를 촉진할 수 있는 만큼, 사람들의 부정적 심리를 긍정적 심리로 전환시키는 신호탄으로 작동한다.

안정회복기의 부동산 7요소

매매 가격	전세 가격	실거주 매수수요	투자 매수수요	정부정책	미분양	청약
보합	유지 혹은 상승세	소폭발생	발생 및 증가	약한 활성화 정책	일부 감소추세	조금씩 인기 시작

상승기의 흐름

① 일반적 분위기

안정회복기를 지나 상승기에 진입하기 시작하면 실수요와 투자수요에도 새로운 바람이 불어온다. 전세 수요에서 매매수요로의 형태 변화가 발생하고 전세가가 매매가를 밀어 올리기 때문에 매매 가격 역시 상승으로 이어진다. 특히, 세입자들은 전세 가격이 상승하는 모습을 지켜보며 조만간 전세 가격이 폭등할 것

같은 분위기를 감지할 것이다. 그로 인해, 더 이상 세입자로 사는 것 보다는 매수할 기회를 잡으려는 노력으로 이어지면서 매매수요 역시 늘어난다. 결국 전세시장의 인기는 매수시장에 영향을 끼치면서, 가격의 상승세를 유발시키는 상황으로 흘러간다. 이러한 분위기를 지켜본 사람들은 시세차익까지 발생할 수 있다는 것을 인식하는 만큼 투자 욕구가 늘어나는 시기이다.

② 전세 분위기

전세 수요가 많고 매매수요가 적음에도 매매 가격이 상승하는 이유는 바로 전세가가 매매가를 끌어올리기 때문이다. 특히 하락장에서 역전세나 깡통전세의 피해를 본 사람들이 불안한 마음에 정부가 보장하는 보증보험제도를 신뢰하게 된다. 이러한 제도를 바탕으로 원금 손실 리스크가 사실상 제로인 전세를 통해 원금을 그대로 확보하려는 것이다. 그런데 오히려 안정적으로 자산을 지키려는 임차인들의 마음이 오히려 수요공급의 불균형을 발생시키는 원동력으로 작용한다. 결국 지속적으로 전세에 머무르다 보니 전세가 귀한 상황으로 이어지며, 집주인들이 전세 가격을 높게 책정해도 즉각적인 거래로 이어진다.

전세 가격이 오르면서 세입자는 불안한 상황을 대응하기 위하여 선제적으로 계약 연장을 요청하거나 아니면 계약 기간 만료 전부터 새로운 집을 보러 나닌다. 이러한 분위기는 결국 집수인

아파트 매도의 기술

들로 하여금 전세호가를 높이게 만드는 요인으로 작용한다. 그 결과 전세가 상승으로 인해 매매가와의 격차가 줄어들고 이런 모습을 본 다른 집주인들이 매매호가를 올리기 시작하면서 전세가가 매매가를 밀어 올리는 과정이 반복된다.

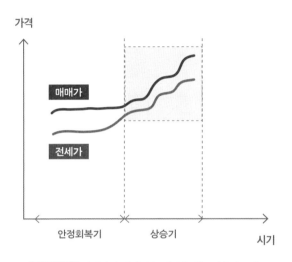

도표 3-10 전세가가 매매가를 밀어올리는 상승기 모습

③ 투자 분위기

상승기가 본격적으로 시작되면 세입자가 거주하고 있는 아파트를 매수하는 투자 방식인 갭투자가 활기를 띄게 된다. 특히 갭투자에는 기존에 세입자가 거주하고 있는 집을 구입하거나 공실인 아파트를 사서 세입자를 새로 맞추는 방식이 존재하는데, 상승기에서는 어떠한 방식의 갭투자라도 쉽게 참여가 가능하다. 그 결과 단기간에 가격이 상승하면서 전세 재계약 혹은 신규 계약 시 증액하

여 받은 보증금으로 투자 원금을 쉽게 회수할 수 있다. 그 회수된 자금을 다시 새로운 아파트에 갭투자하면서 사람들의 투자 성공사례가 알려지기도 한다. 이를 지켜본 일반인들에게도 갭투자 열풍이 불어닥친다.

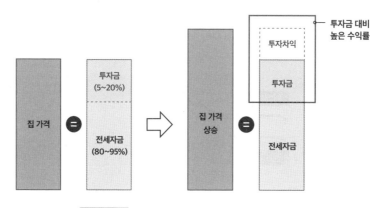

도표 3-11 상승장의 갭투자 구조 모습과 높은 수익률

또한 상승기가 시작되면 신축 아파트의 분양권에 프리미엄이 붙기 시작한다. 상승 분위기로 전환된 이후 분양을 시작하는 경우, 건설사는 입지나 아파트 시설 등 사람들의 관심을 끌 수 있는 상품을 제공한다. 신축 아파트에 대한 관심이 새롭게 증가하면서 분양권 구매에 대한 수요가 늘어나기 시작하고 자연스럽게 아파트에 프리미엄이 형성된다.

프리미엄이 붙은 신축 아파트들이 연이어 인기를 얻기 시작하면서, 그 다음 분양하는 아파트의 분양가는 점차 더 높은 가격으로 책정된다. 고분양가임에도 완판을 기록하고 청약 경쟁률도

아파트 매도의 기술

상승하면서 부동산 상승기로 접어든다.

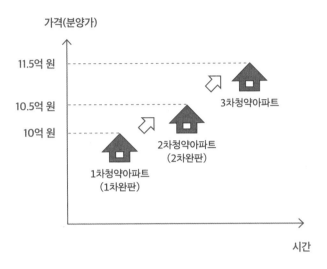

도표 3-12 상승기에서 프리미엄으로 인한 신규 분양가의 상승 모습

④ 정부 분위기

정부 입장에서는 장기간의 하락에서 벗어나 상승으로 전환되면 어떤 정책을 펼쳐야 할지 굉장히 조심스럽다. 혹여나 강력한 규제정책을 펼쳐 다시 하락장으로 돌아선다면 정권 불만에 대한 후폭풍을 감당하기 어렵기 때문이다. 또한, 안정적인 상승은 부동산 시장에 도움이 되지만 폭등기로 넘어가면 투기 등의 문제점이 많이 발생하기 때문에 정부는 조심스러운 입장을 보일 수 밖에 없다. 그럼에도 특정 지역별로 과도한 상승이 발생한다면 해당 지역부터 먼저 대응하면서 시장 변화에 예의주시하게 된다.

규제가 본격적으로 시작되면 잠시나마 심리가 위축되기도 한다. 그로 인해, 상승기에서도 조정이 일어나는 모습이 일시적으로 발생한다. 그러나 투자를 많이 해본 사람들은 오히려 정부의 정책을 투자 시작의 신호로 인식하고, 투자를 본격적으로 진행한다. 특히 규제 지역으로 지정되지 않은 지역으로 투자 지역을 확대하거나, 규제에서 벗어나 있는 틈새를 공략하여 투자하기 시작한다. 일반적으로 서울이나 수도권부터 규제가 시작되는 만큼 틈새를 찾아 투자하는 흐름이 전국적으로 점차 확산된다.

⑤ 건설사 분위기

건설사는 그간 미분양으로 남아있던 물건까지 점차 소진되면서 기업 매출을 향상시키기 위해 신규 분양을 확대한다. 분양하는 단지마다 높은 청약 경쟁률로 인해, 입지나 가격 측면 그리고 아파트 브랜드와 같이 장점이 뚜렷한 물건은 당해 1순위로 완판되는 성적을 거둔다. 물론 지역별로 높은 청약 경쟁률을 보이는 지역과 그렇지 않은 지역으로 온도차가 아직까지 존재하기 때문에 전국 모든 지역이 완판을 기록하는 시기는 아직까지는 아니다.

상승기의 부동산 7요소

매매 가격	전세 가격	실거주 매수수요	투자 매수수요	정부정책	미분양	청약
상승	상승	발생 및 증가	발생 및 증가	규제 본격화	감소	인기 시작

아파트 매도의 기술

폭등기의 흐름

① 일반적 분위기

상승기를 거치고 있음에도 부동산 열풍이 지속되고 폭등할 수 있는 힘이 남아있다면 폭등기라는 시기로 진입하게 된다. 폭등기는 단기간에 가격 상승률이 급격하게 높아지거나 가격이 2배 이상 오르는 시기를 의미하는데 합리적 수준을 넘어 매매가가 비이성적으로 오르는 시기이다. 이 시기는 단순히 수요와 공급으로 설명할 수 없는 사람들의 심리, 즉 "부동산은 우상향한다"라는 절대 믿음이 작용한다. 이와 같은 믿음은 사람들을 매수시장에 뛰어들도록 만들어 결국 시장의 가격 폭등으로 이어진다.

이 시기에는 강남이나 1급지 지역에 있는 아파트 한 채의 가격은 직장인이 평생 연봉을 모아도 구매할 수 없는 수준으로 오른다. 또한 신축 열풍으로 인해 분양권 역시 과도한 프리미엄이 더해진다. 그 결과 보유한 청약점수가 최고점 수준이 아니라면 신축 아파트 입주는 사실상 하늘에서 별따기와 같다. 이러한 상황의 대안으로 먼 훗날 신축 아파트로 지어질 수 있는 재건축/재개발이 가능한 부동산에 수요가 집중되지만, 이 역시 조만간 신축으로 변모할 수 있다는 기대감이 반영되어 상당히 높은 가격에 거래된다.

② 매수/매도 분위기

상승기까지 무주택자로 버티던 사람들은 주변 사람들이 돈을 벌었다는 이야기와 더불어 지금 아니면 내집 마련이 불가능하다는 불안감이 가중되어, 가장 높은 폭등기에 영끌을 통해 부동산을 구매하는 비율이 증가한다. 쌀 때 사야하는 정상적인 거래를 진행하는 것이 아니라 오히려 비쌀 때 사는 아이러니한 상황이 발생하는 것이다. 과거 대비 비싼 가격임에도 폭등기에서 구매하는 아파트는 상급지가 아닌 주변의 구축 아파트나 입지가 좋더라도 상대적으로 세대수가 적은 나홀로 아파트일 가능성이 높아진다.

점차 상급지에서 하급지로의 매수 흐름이 전파되기 시작하면서, 하급지의 가격도 상승하는 분위기로 이어진다. 지방까지 투자 대상으로 인식됨에 따라 수도권 사람들의 원정 구매나 원정 버스가 등장하고 한 지역이나 한 아파트를 수십 채씩 구매하는 광경도 목격할 수 있다. 때로는 부동산 임장을 하지도 않고 단순히 인터넷 검색만을 활용하여 구매를 결정하고, 공인중개사 소장에게 위임하여 거래하는 형태까지 발생한다. 심지어 자금이 부족한 사람들을 위해 공인중개사가 돈을 빌려 주는 '공인중개사 대출론' 이 새롭게 등장한다.

폭등기에서는 매수하려고 고민하는 순간 매물이 사라지는 마법을 쉽게 볼 수 있다. 좋은 매물을 찾아서 기다리는 순간에는 아예 계약 자체도 진행하지 못하고 오히려 좋지 못한 물건을 구매해야 하는 상황도 벌어진다. 때로는 매수인이 계약금을 내고 매수 계약을 했더라도, 아파트 가격이 급등하면서 계약금의 2배를 배상하면서까지 계약을 해지하려는 매도인이 늘어난다. 매수인은 계약 파기금으로 받게 된 배액금액이 좋다는 생각보다는 오히려 더 오른 대체부동산을 구매해야 한다는 생각에 손해 본 것 같은 기분이 들기도 한다.

③ 전세 분위기

매매 가격의 상승에 따라 점차 오르던 전세 가격은 어느덧 폭등기에 접어들면서 오름세가 둔화된다. 실수요인 전세가는 정체가 진행되는 반면 투자수요 및 거품이 반영된 매매가가 높아지면서 현실적으로 갭투자하기에 적합하지 않은 상황이다. 이 시기는 특히 전세에 대한 인식 역시 극단으로 나뉜다. 세입자들은 집주인이 보증금을 계속 올린다는 이유로 나쁜 집주인으로 간주하는 분위기가 강하다. 반면 일부 집주인들 사이에서는 아직도 세입자로 사는 사람들을 부동산 폭락주의자로 바라보는 시각도 존재한다.

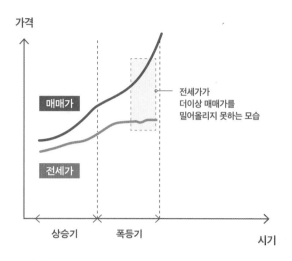

도표 3-13 지나친 폭등으로 인한 매매가와 전세가 사이의 벌어진 격차

④ 정부 분위기

　정부는 급격히 오르는 부동산 시장에 대한 강력한 정책을 통해 안정화를 추구한다. 특히 규제지역 확대나 세금 강화와 같은 최고 수위의 규제를 시행한다. 반면, 고분양가 논란과 주택 가격 급등에 따른 시장 불안이 커지면서 실수요자들을 보호하기 위하여 신규 아파트에 대한 분양가 상한제 정책을 실시한다. 하지만 분양가 상한제는 건설사의 이익과 상충되는 정책인 만큼, 건설사의 신규 공급을 중단하도록 만들기도 한다. 또한, 주변 아파트 대비 낮은 분양가격으로 인해 청약 경쟁률이 과열되면서 오히려 투기 심을 자극시키기도 한다. 그 결과, 이 정책이 누구를 위한 정책인지에 대한 불만이 속출하기 시작한다.

아파트 매도의 기술

이러한 불만을 잠재우기 위하여 새로운 신도시 개발이나 택지 지구개발을 통해 공급 정책을 동시에 진행하기도 한다. 하지만 계획 이후 완공까지 장기간 시간이 걸리기 때문에 즉각적인 대책은 되지 않는다. 정부는 할 만큼 했다는 인식을 주는 미봉책에 불과한 만큼, 즉각적으로 시장의 방향을 바꾸는 것이 불가능하다.

⑤ 건설사 분위기

폭등기에는 미분양 수치가 최소로 줄어드는 시기이다. 건설사는 분양을 해도 완판되기 때문에 높은 분양가 정책을 통해 최대한 아파트를 많이 짓기 시작한다. 심지어 그동안에는 크게 관심 없었던 아파트 리모델링 사업에도 적극적으로 참여하며 새로운 공급 수주를 위해 노력한다. 그런데 건설사의 이윤추구를 위한 과도한 공급 계획은 완공 시점의 부동산 사이클과 연계되어 하락이라는 가능성을 내포하기도 한다. 하지만 건설사 입장에서는 최대 수익이 보장되어 있는 만큼, 미래보다는 현실에 집중하는 결정을 내릴수 밖에 없다.

폭등기의 부동산 7요소

매매 가격	전세 가격	실거주 매수수요	투자 매수수요	정부정책	미분양	청약
폭등	상승후 정체	폭발	전국단위 폭발	적극적 규제 정책	사실상 전무	현실적 가능성 제로

침체기의 흐름

① 일반적 분위기

폭등기를 지나면 소강국면인 침체기로 진입한다. 이미 상승기와 폭등기를 거치면서 많은 사람들이 부동산 시장에 참여하였기 때문에 수요가 점차 감소하는 분위기로 전환된다. 이와 더불어 많은 자금이 부동산 매수에 활용되면서 신규 투자를 위한 대출이나 그 외 자금 확보의 한계에 부딪힌다. 반대로 건설사는 여전히 수익 확보를 위해 신규 분양을 지속하다보니 수요 대비 공급이 많아진다. 그 결과, 수요와 공급의 불균형이 발생하고 거래가 감소함에 따라 최고점 대비 가격이 하락하기도 한다. 이러한 상황이 조금씩 지속되면서 부동산 시장이 침체의 길로 접어든다.

② 매수/매도 분위기

매수세는 감소하는 상황이나 매도하려는 사람들은 시장 파악을 제대로 못할 가능성이 높다. 특히 매도인은 자신의 매물을 최고가 이상으로 매도호가를 높여 거래하고자 한다. 지속적으로 호가가 올라가는 모습에 따라 실제 매매가는 올라간 것처럼 보이지만, 이미 너무 올랐다고 판단하는 사람들은 매수하지 않고 관망하다보니 거래량 감소로 이어진다. 투자여력이 남아있는 투자자들이 새롭게 상승 가능한 지역을 찾으려고 해도, 그 지역 역시 이미 올랐기 때문에 투자를 꺼려하는 모습을 보인다. 심지어 실수요자들도 그간 대부분 매수하였기 때문에 단기적으로 추가적인 투자자금을 확보할 여력이 되지 않는다. 그로 인해 실거주자와 투자자 모두 시장에서 점차 멀어지는 상황이 발생하며 결국 침체기로 진입하게 된다.

③ 정부 분위기

정부는 추가 상승을 방지하기 위해 여전히 강력한 규제를 유지한다. 또한 LTV, DTI 등 대출 규제를 여전히 유지할 뿐만 아니라 생활안정자금과 같은 대출금을 주택구매에 활용되지 못하도록 막는다. 때로는 침체가 먼저 온 지역에 대한 규제를 해제하고 싶어한다. 하지만, 이러한 정책 변화가 전체 시장을 다시 상승으로 이끌 수 있는 만큼 섣불리 나서지 못한다. 결국 정부의 정책 방향과 시장 참여인의 구매 여력 등의 요인이 결합하여 자연스럽게 시장의 흐름이 침체되는 분위기로 이어진다.

④ 건설사 분위기

지역에 따라 미분양이 조금씩 증가하고 심지어 수도권에서도 고분양가 정책과 비선호 입지가 결합된 아파트에 한해서 미분양이 발생하면서 건설사의 영업 방식이 크게 달라진다. 대형건설사는 상징성이 큰 수도권 내 미분양은 브랜드 신뢰도와 연관되어 있는 만큼, 하이엔드 브랜드 아파트를 앞세우며 공급계획을 추진한다. 그 결과, 하이엔드 브랜드를 보유한 대형건설사는 안정적인 수주를 바탕으로 견고한 실적을 이어가는 반면 비인기 중소형 건설사는 분양을 통한 수익을 기대하기 어려운 상황에 몰리게 된다. 향후 미분양 기간이 길어지면 중소형 건설사의 경우 존폐 위기로까지 이어지게 될 수 있기 때문에 선제적으로 하이엔드 브랜드를 선보이는 노력 역시 이뤄진다.

침체기의 부동산 7요소

매매 가격	전세 가격	실거주 매수수요	투자 매수수요	정부정책	미분양	청약
최고후 일부조정	정체	감소세	감소세	적극적 규제 정책	지역별 증가지역 발생	인기 지역 및 비인기 지역 공존

05

부동산 사이클별 매도 및 투자 전략

하락기에서 대응하는 방법

⊘ 매도 전략 1 투자 수익이 이익 구간이라면 수익을 실현하라

하락기의 경우, 초기인지 말기인지에 따라 대응 방법이 극명하게 다르다. 하락기 초기는 고점 대비 10% 내외 수준으로 하락하는 범위를 말하는데, 아직까지 매수 수요자를 찾을 수 있는 시기이다. 하락기 초기에 매도 가능 금액이 매수 금액 대비 이익구간이라면 적극적으로 매도해야 한다. '익절수익상황에서 매도하여 수익을 실현하는 행동은 언제나 옳다'는 명언을 반드시 지켜야 하는 시기가 바로 하락기 초기이다. 설령 매도 가능 금액과 매수 금액이 동일하더라도 매도하는 것을 추천한다. <도표 3-14>와 같이, 하락장 초기에 수익구간이 최소 0원 이상이라면 매도해야 하는 것이다.

　물론 수익구간에서 매도할 경우 거래비용취득세, 부동산 복비 등 및 양
도소득세를 제외하면 손에 남는 것이 생각보다 많지 않을 수 있
다. 그런데 지금 매도하지 않는다면, 발생 가능한 수익이 한순간
에 사라지는 마법같은 일이 발생할 뿐만 아니라 더 나아가서는
거래 가능 금액이 매수가 이하로 떨어지는 광경을 목격할 수 있
다. 누군가는 웃고 누군가는 울어야 하는 투자세계에서 웃는 존
재는 내가 되어야 하지 않겠는가? 하락기 초기의 적극적인 탈출
행동은 하락기가 본격적으로 시작할 때쯤 최고의 선택으로 기억
될 수 있음을 반드시 명심해야 한다.

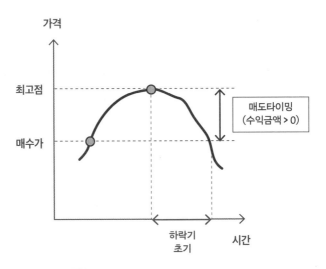

도표 3-14 하락기 초기에 적극적으로 매도할 타이밍

　　　　　　　　　　　　　　아파트 매도의 기술

✅ 매도 전략 2 손절 가능한 수준이라면 신속한 탈출을 고려하라

누군가는 하락에 대한 고민보다는 상승에 대한 강한 믿음으로 인해 뒤늦게 부동산 시장에 뛰어든다. 그래서 일명 '상투'라고 불리는 최고점에서 매수한 직후, 머지않아 하락의 시작과 더불어 가격 하락을 경험하기도 한다. 또한 이익구간이나 혹은 최소한의 본전 구간에서 매도를 주저하다가, 본격적인 하락의 직격탄을 몸소 체험하는 경우도 존재한다. 어떤 상황이던 손실 구간에 접어들게 되면 우리가 할 수 있는 일은 두 가지 방법밖에 없다. 계속 보유하거나 지금이라도 손절_{손해상황에서 매도하더라도 차액을 확보하는 행동}하는 것이다.

먼저 하락이 진행되고 있는 상황에서 보유를 결정하였다면 투자 차원에서 합당한 근거가 반드시 있어야 한다. 현재 보유했을 때 얻을 수 있는 수익 대비 매도 시 얻는 비용을 비교하여 반드시 보유하는 것이 더 큰 이득이 있어야 한다. 하지만 합당한 보유 이유가 없다면 자산을 지킬 수 있는 방법은 손절밖에 없다. 특히, 현재 거래 가능한 금액을 기준으로 매수한다고 가정했을 때 단번에 매수해야겠다는 대답이 나오지 않는다면 매도하는 것이 정답이다.

그렇다면 어느 수준까지 손해를 감당해야 할까? 부동산 역시 하락할 수 있는 만큼 매수할 시점에서 손절 가능 범위를 설정하는 것이 필요하다. 하지만 투자를 하면서 손실에 대한 생각부터 하는 사람은 현실적으로 많지 않다. 그렇다면 지금이라도 손절에 대한 기준을 설정하면 된다. 스스로 10% 수준까지의 손해를 감수할 수 있다고 설정한다면, 그 금액에 도달하기 전에 미리 매물로 내놓고 매도 작업에 돌입하는 것이다. 물론 감당할 수 있는 손해 비율이 10%라고 하더라도, 1억 원 아파트와 50억 원 아파트의 손해 금액 자체는 엄청난 차이가 있다. 때로는 비율이 아닌 본인의 투자금을 바탕으로 감당할 수 있는 절대금액을 설정하는 것도 좋은 방법이다.

자신만의 손절 기준 설정 방법

① 하락 비율에 따른 손절 방법 :
- 5% 또는 -10% 등과 같이 감당할 수 있는 범위 설정

② 하락 금액에 따른 손절 방법 :
본인의 투자금에 따라 -1천만 원 또는 -1억 원 등 기준 금액 설정

이렇게 손절 가능 범위를 설정하고, 그에 부합하는 매수자가 나타난다면 과감한 결정을 해야 한다. 물론 매도 계약서를 작성하고 투자금의 손실이 최종 확정된다면, 손실에 대한 스트레스를 경험할 것이다. 하지만 하락장을 한 번이라도 경험해 본 사람은 알 것이다. 조금만 시간이 지나면 손절 매물들이 경쟁적으로

쌓이기 시작하고, 하락에 대한 두려움이 공포로 작용하면서 단순히 10~20% 수준의 하락이 아니라 30~40% 추락하는 모습에 마주하며 장기간 고통의 열차에 탑승하게 된다.

  돈이 묶인 채로 장기간 새롭게 얻을 수 있는 기회를 박탈당하기보다는 오히려 손절을 통해 새로운 재투자 기회를 얻어야 한다. 감당할 수 있는 손실범위에서 매도한 후 하락이 본격적으로 진행되어 더 낮은 가격을 형성한 부동산을 재매수한다면 오히려 손실로 발생한 금액을 복구할 수도 있다. 결국, 하락기에서는 현금을 보유해야만 좋은 물건을 구매할 수 있는 기회를 얻을 수 있기 때문에 약간의 손실이 발생하였더라도 매도하는 선택이 필요하다.

⊘ 매도 전략 3 손절 범위를 넘어섰다면 버티고 또 버텨라

만약 감당 가능한 비율이나 금액을 넘어서서 큰 폭으로 하락하는 중이라면 우리가 할 수 있는 유일한 방법은 안타깝지만 '버티기' 밖에 없다. 보유하고 있는 부동산이 큰 폭으로 하락하여 감당 가능한 수준을 넘어섰다면 추가 하락 가능성도 존재하지만 사실상 하락할 수 있는 마지노선에 근접했다고 볼 수 있다. 이 상황에서 매도를 선택하면 더 저렴한 가격으로 새롭게 부동산을 살 수 있는 가능성이 낮기 때문에 매도보다는 보유하는 것이 더 좋은 결과를 가져올 것이다. 앞으로는 오를 일만 남았다고 생각하고 버텨야 한다.

만약 자가로 거주하는 경우라면 실거래가 검색을 최대한 지양하고, 다 지나가리라는 수양하는 마음으로 견뎌내야 한다. 또한 갭투자와 같이 투자를 목적으로 매수한 경우라면 세입자가 최대한 오래 거주하면서 살아가도록 모시는 마음으로 대하여야 한다. 부동산 시장에서 버티고 버텨서 결국 살아남아 있어야만 다시 기회가 찾아온다. 힘든 시간을 겪겠지만, 시장 분위기가 반등할 수 있는 시기가 올 때까지 버티는 것만이 현 시점에서 할 수 있는 유일한 길이다.

⊘ 투자전략 투자의 원칙은 싸게 사는 것

현금을 보유하고 있거나 자금을 융통할 수 있는 상황이라면, 매수하기 가장 좋은 시기는 바로 하락기이다. 아파트가 주는 효용가치는 과거와 사실상 동일하나, 과거 높았던 가격 대비 할인된 가격으로 매수할 수 있다는 장점이 존재한다. 만약 여유자금을 보유하고 있다면, 하락장에서 나오는 급매물을 여유롭게 포착하여 언젠가 다가올 상승기에 대비하여 시세차익을 목적으로 투자해도 좋다.

특히 최고가 대비 하락폭이 큰 경우에는 해당 금액만큼의 안전마진이 확보되기 때문에 구매 후 시간을 기다릴 수 있다면 좋은 투자 기회가 된다. 물론, 현재 구매하는 시점이 바닥인지, 더 밑에 미지의 바닥이 있는지는 누구도 알 수 없다. 심지어 지금까지 부동산을 매수해본 경험이 없는 사람들은 더더욱 하락기에서 섣불리 매수하기 어려울 것이다. 그러나, 돈을 벌기 위한 구매 시점은 다른 사람들의 심리를 역행하는 방향으로 설정해야 한다. 자신만의 투자 기준이 명확하고 스스로 최저 가격이라고 판단되는 경우라면 다양한 매물 중 싸고 좋은 물건을 골라 가격이 상승한 후 매도하여 수익을 실현하겠다는 결단을 내려야 한다.

안정회복기에서 대응하는 방법

⊘ 매도 전략 매도할 분명할 목적이 없다면 묻지마 매도는 절대 금지

기나긴 하락기 시간이 지나가면 부동산 시장에 안정회복기가 찾아온다. 실수요를 대변하는 전세 분위기가 먼저 변화하기 시작하며 전세가가 안정된다. 이러한 분위기 속에서 아파트 가격은 더 이상 하락하지 않고 유지하는 모습을 보이면서 부동산 시장이 안정화되는 모습을 보인다.

적극적인 투자자들은 시장 분위기가 안정되기 시작하면, 누구보다 빠르게 좋은 물건을 사거나 매물을 흥정하여 저렴하게 매수하려고 노력한다. 이때까지 버티고 버텼던 사람들은 최저가 대비 약간이라도 높은 가격에 매수하겠다는 연락이 오면, 매도에 대해 고민이 될 것이다. 이에 혹해서 매도를 선택한다면, 매도

하자마자 가격이 올랐다는 주인공이 내가 될 수 있으며, 이제까지 버텼던 노력이 물거품이 된다. 따라서, 부동산 가격이 더이상 떨어지지 않고 유지하는 모습을 보인다면 무조건적인 매도는 하지 말아야 한다.

물론 보유 주택수나 개별상황에 따라 일부 다를 수 있겠지만 안정회복기에 매도에 대한 분명한 이유는 단 하나다. 바로 갈아타기 목적에서만 매도를 진행해야 한다는 사실이다. 안정회복기에서는 우리 아파트뿐만 아니라 다른 아파트 역시 모두 하락한 상황이다. 하락기에서는 신축 아파트와 같이 고점 대비 많이 하락하는 아파트가 존재하는데, 원래는 비싸서 이동에 대한 꿈도 꾸지 못한 아파트였으나 내 소유의 아파트와의 가격차이가 좁혀지는 상황이 발생한다. 보유한 아파트에 매수분위기가 찾아온다면 현재 보유하고 있는 아파트보다 더 상승 가능성이 높은 지역이나 매물로 갈아타는 것이 필요하다.

⊘ 투자전략 1 안정회복기의 초기라면 분양권이나 청약의 훈풍을 놓치지 말자

투자자에게는 분양권이나 청약 그리고 미분양 아파트를 매수하기에 가장 좋은 시기가 바로 안정회복기이다. 먼저 분양권부터 살펴보자. 분양권이란 청약을 통해 아파트에 당첨된 사람들이 완공 후 입주할 수 있는 권리를 말한다. 그런데, 우리나라는 아파

아파트 매도의 기술

트가 지어지기 전에 분양하고 그 후 2~3년 후에 완공되어 입주할 수 있는 선분양 방식을 주로 운영한다. 이 방식으로 인해 완공될 때까지는 부동산 자체를 사고파는 것이 아니라 입주할 수 있는 권리인 분양권을 사고파는 형태로 이루어진다.

이러한 분양권 전매아파트를 분양받은 사람이 그 지위를 다른 사람에게 넘겨주어 입주자를 변경하는 방식 정책은 부동산 시장에 따라 극명하게 갈라진다. 전매를 규제하는 시기에는 시장의 과열을 막기 위하여 보유기간을 최대 10년까지 설정하고 실거주 의무를 부여하면서 거래 자체가 제한된다. 그런데, 시장의 활성화를 위해 전매제한이 대거 완화된다면 설령 수도권이더라도 최대 3년 수준의 전매행위 제한기간이 설정되는 만큼, 전매 완화정책이 발표되는 시점이 분양권 매수를 위한 절호의 타이밍이다. 지금 당장 전세 수요를 걱정하지 않아도 될 뿐만 아니라 준공까지 최소 1~2년 이상 남은 만큼, 매수한 후 준공 직전에 다시 매도하거나 시장이 추가로 좋아진다면 그 외 투자전략에 활용될 수 있다.

또한, 청약에 참여하는 것 역시 유리하다. 이 시기에 건설사는 중도금 대출 지원이나 입주 시 잔금 전액을 납부하는 방식과 같이, 청약 유도 정책을 활용한다. 그래서 분양가 10%의 계약금만 가지고 추후 입주할 수 있는 아파트 권리를 받기 때문에 소액으로 가능하다. 청약에서 미계약분계약포기자, 청약부적격자, 계약금 미납 등이 공고되는데, 정부의 완화 정책으로 인해 청약 거주지역과 상관없이 전국구 가능 물건 등이 나온다. 당첨만 되면 바로 큰 금액의 프리미엄이 붙을 수 있는 물건에 한해서는 적극적으로 청약에 참여하는 것을 고려해야 한다. 마지막으로 미분양 아파트를 매수하는 것도 적극 고려해야 한다. 안정회복기 단계에서는 정부가 미분양 아파트를 줄이기 위해 양도소득세 감면이나 일시적 1가구 2주택 기한 연장과 같은 혜택을 부여하기 때문에 매수 단계부터 유리한 조건을 가질 수 있다.

결론적으로 분양권 전매가 가능한 단지에 한해서 분양권 투자도 좋은 방법이다. 아직까지 프리미엄이 없거나 낮은 프리미엄 매물을 찾을 수 있는 만큼 초기 투자비용이 높지 않고 가격이 합리적인 매물을 찾아 투자하는 것이 좋다. 단, 분양권이나 미분양 물건을 매수하기 위해서는 가급적 입주시기가 길게 남은 물건을 매수하길 추천한다. 시장 분위기가 일부 회복되었지만 언제 다시 상승세로 돌아올지 누구도 예측할 수 없다. 그러므로 가급적 늦게 입주하는 물건을 고르는 것이 안전한 선택이 될 수 있다.

⊘ 투자전략 2 안정회복기의 중, 후기라면 갭투자 기회이다

안정회복기 진입이후, 점차 시간이 지나갈수록 전세물량은 크게 줄어드는 상황이 발생하게 된다. 또한 여전히 건설사의 소극적인 분양정책으로 인해 공급 역시 부족한 상황으로 이어진다.

아파트 매도의 기술

특히 기존 임차인들의 전세 선호현상과 더불어 신규 전세 수요자들의 증가는 전세가를 상승시켜 매매가와 근접하도록 만든다. 전세 가격이 상승하면서 매매가와의 차이가 줄어들면서, 소액으로도 집주인이라는 타이틀을 손쉽게 얻을 수 있는 시기인 만큼 갭투자를 적극적으로 활용해야 한다.

심지어 신규 전세 매물의 공급부족으로 인한 전세가율의 상승은 실제로 매매거래가 없는 상황에서도 전세 가격이 매매 가격을 뛰어넘는 상황이 연출되기도 한다. 그로 인해, 전세금으로 투자금을 회수하고도 남는 금액이 발생한다. 그 남은 금액을 재투자한다면 갭투자의 선순환 구조를 만들 수 있는 만큼, 본격적인 다주택자로의 진입할 수 있는 시작점이 바로 안정회복기이다.

단, 안정회복기의 갭투자를 위해서는 반드시 상승기에 오를 가능성이 높은 매물에 투자해야 한다. 소액으로라도 매수할 수 있는 물건이 상당히 많은 만큼, 이왕이면 교통이나 학군 등 선호도가 높은 지역을 선택하고 또한 평형도 국민평수인 30평대 위주로 선택하는 것이 좋다.

상승기에서 대응하는 방법

⊘ 매도 전략 현금보유를 위한 매도는 No, 갈아타기를 위한 매도는 Yes

지난 하락기 혹은 안정회복기에 매물을 내놓은 사람들에게 공인 중개사로부터의 본격적으로 연락이 오는 시기가 있다. 바로 상승기 초기이다. 매수 의사 금액이 처음에 매수했던 금액 수준이거나 혹은 그 이상이라면, 많은 사람들은 본전에 도달하여 드디어 탈출할 수 있는 기회가 생긴 것에 고마워하는 마음까지 생긴다.

지난 하락기에서 매수가격 대비 하락을 맞본 사람들에게 부동산은 생각하기도 싫고 꼴도 보기 싫은 미움의 대상이었을 것이다. 심지어 가족 간에서도 매수에 주도적으로 관여한 사람은 지난 몇 년간 숨죽이면서 시간을 보내왔을 가능성이 크다. 그러한 애증의 부동산에 갑작스럽게 그것도 본전 이상으로 사겠다는 사람이 등장하면 팔아버리겠다는 생각에 휩싸여 바로 매도하는 우를 범하는 경우가 많다.

만약 상승장이 오기까지 잘 견뎠다면, 갈아타기와 같이 분명한 매도 목적이 없으면서 단지 과거의 힘들었던 기억만을 해소하기 위한 무조건적인 매도는 금물이다. 본전 그리고 그 이상에서 매수하려는 분위기는 시장에 상승이라는 봄이 온 것이기 때문이다. 부동산 시장의 장밋빛 미래가 예상되는데, 오히려 매도를 선택하는 것은 스스로 부동산 사이클을 전혀 모른다고 고백하는 것과 마찬가지다.

상승기의 분위기를 모르더라도 보유하고 있는 매물에 사람들의 관심이 쏟아진다면 "뭐지? 왜 이러지?" 등 먼저 의심스러운 눈으로 바라보자. 그 이후 잠시 호흡을 가다듬은 채 현 상황을 냉철하게 판단해보자. 때로는 외부 투자자보다 오히려 내가 보유한 물건의 정보가 늦거나 객관적으로 판단하지 못하는 상황이 발생한다. 남들이 매수할 때 나 홀로 매도하는 역행을 저지른다면, 남들이 돈 버는 모습만 볼 뿐만 아니라 오히려 상대적 박탈감과 우울감이 깊어지는 시기가 바로 상승기의 모습이다.

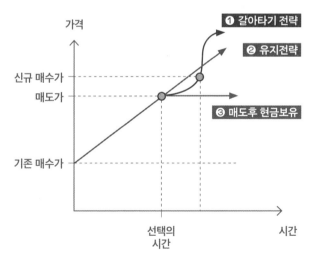

도표 3-15 감정적 매도 또는 단순 현금화를 위한 매도 금지 타이밍(상승기)

또한 갈아타기와 같이 분명한 매도목적 없이 과거 하락의 트라우마를 해소하기 위한 매도는 절대 금물이다. 더더욱 매도 후 현금을 보유하는 것은 최악 중의 최악이다. 물론 하락의 과정에서 얻은 스트레스를 날리고 싶은 것은 인간의 본능일 것이다. 하지만 상승기에서 현금을 보유하고 아무런 행동을 하지 않는다면, "내가 매도하니 가격이 올랐다"라는 후회를 맞이하게 될 수 있다. 또한 뒤늦게 오르는 분위기를 파악하고 매수를 고려해도 단기간에 오르는 가격을 보며 즉각적인 선택을 하지 못할 가능성이 높다. 그 결과 신규 매수라는 계획은 더 이상 이뤄질 수 없는 꿈과 같이 멀어지게 된다. 그래서 점점 부동산을 멀리하는 상황으로 이어지는 것이다.

매도를 계획한다면 반드시 상급지로의 이동을 전제로 하는 갈아타기일 경우에만 진행해야 한다. 신축이나 신도시의 쾌적한 환경을 누리기 위해 상급지에서 하급지로, 중심지에서 외곽지로의 이동을 위한 매도는 지양해야 한다. 상승기에서는 수도권이나 입지가 좋은 지역의 상승폭이 지방이나 주변 지역의 상승폭보다 훨씬 크다. 그런데 상급지가 아닌 지역으로 이동하게 된다면, 시간이 지날 수록 점점 상급지와의 가격격차가 벌어지게 되어 투자 선택에 대한 후회를 경험할 수 있다. 거주의 쾌적함을 경험하기 위해서는 매도를 통한 이동이 아니라, 먼저 전세를 통해 살아보고 나중에 매도를 결정해도 늦지 않다. 반드시 투자관점에서 득이 될

아파트 매도의 기술

수 있는 선택이 필요한 시기가 바로 상승기이다.

✓ 투자전략 1 세입자라면 당장 집주인이 되자.

상승기에서는 현물인 부동산을 보유하는 것이 자산 증식에 가장 효과적인 방법이다. 하지만 여전히 세입자 생활을 유지하고 있다면 상승기가 도래하더라도 집을 못살 가능성이 높다. 하락기에서는 더 떨어져야 한다고 생각해서 못사고 하락기 대비 일부 가격이 반등한 안정회복기에서도 매수하지 못하였는데 가격이 오르는 상승기에 도대체 어떻게 살 수 있겠는가? 못사는 사람에게는 오늘도, 내일도, 미래에도 영원히 비싼 것이 바로 부동산 가격이다.

기존 세입자들은 집주인으로 신분 상승할 수 있는 마지막 기회로 삼아야 한다. 하락기에서 원금을 지키는 일이야 말로 투자에서 지켜야 할 기본 원칙이었다. 그 과정에서 자의든 타의든 전세로 원금을 지킨 사람들에게는 그 자산이야 말로 새로운 기회를 위한 밑천으로 활용할 수 있다. 집주인들이 하락기를 경험하면서 자산이 감소하고 있을 때 세입자가 손해 본 금액은 기껏해야 전세자금 대출 이자나 물가상승에 따른 화폐가치 변화 수준에 불과하다. 이렇게 잘 지킨 자산을 불려야 하는 시기는 바로 지금이다. 이 시기에도 여전히 전세로 거주하게 된다면, 매수를 통해 벌어들일 수 있는 돈을 사실상 놓치는 결과로 이어질 것이다. 또한 물가상승에 따른 돈의 가치하락까지 반영된다면, 집주인과의 격차가 훨씬 더 크게 벌어질 수 있다. 상승기야 말로 집주인으로의 전환을 이루어야 하는 시기이다. 영원히 매수하지 못하고 전세살이에 전전하지 않기 위해서라면 말이다.

✅ 투자전략 2 상승기라면 매수만이 정답이다.

실수요자든 투자자든 관계없이 상승기에서는 좋은 매물을 찾아 적극적으로 매수해야 한다. 상승기 초반이라면 청약/분양권 및 갭투자 등 선택의 폭이 다양하다. 특히 상승기에서는 신축 아파트의 열풍이 불어온다. 이러한 열풍은 신축 아파트의 커다란 가격 상승을 발생시키는 만큼, 먼저 청약에 당첨되거나 분양권을 구매하는 사람이 가장 유리한 위치를 선점하게 된다. 또한 이 시기에는 입지가 뛰어난 아파트에 적극적으로 투자해야 한다. 상승기에 진입하면 탄탄한 수요를 바탕으로 아파트 가격이 상승할 수 있는 똘똘한 한 채의 중요성이 더욱더 커진다. 이러한 핵심 지역의 아파트는 오를 때 더 많이 오르고 호재 등이 결합하면 더 많은 상승이 가능한 만큼, 이 시기라면 똘똘한 아파트 위주의 매수가 필요하다.

만약 개인적 재정 상태가 여의치 않거나 관심 있는 지역이 이미 올랐다면, 가격 상승의 흐름이 불어올 가능성이 높고 아직까지 가격이 오르지 않은 아파트에 선제적으로 진입해보자. <도표

아파트 매도의 기술

3-16>처럼 강남이나 선호지의 가격이 상승하면 시차를 두고 주변 지역으로 점차 확산된다. 이러한 흐름은 지역 단위로까지 퍼지기 시작하는데, 규제지역을 벗어나 비규제지역으로 이동하고 서울을 벗어나 기타 광역시 그리고 소도시로 퍼지는 모습을 보인다. 따라서 아직까지 상승기의 여파가 미치지 않은 지역을 찾아 길목에서 미리 선점하는 것도 좋은 방법이다.

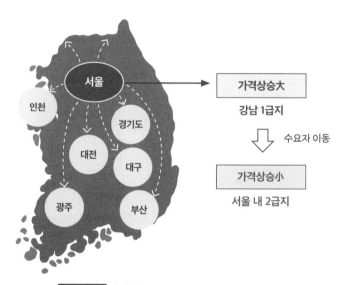

도표 3-16 지역 내 수요자 이동 및 지역 외 확산 모습

폭등기에서 대응하는 방법

⊘ 매도 전략 높은 가격에 대접 받고 팔아라.

부동산을 통해 부자가 될 수 있는 가장 쉬운 방법은 단 하나다.

가장 싸게 살 수 있는 하락기에 매수하고 비싸게 팔 수 있는 폭등기에 매도하여 차액을 얻는 것이다. 즉, 싸게 사서 비싸게 파는 전략이다. 하지만 매수는 과거에 이미 진행된 행위이기 때문에 바꿀래야 바꿀 수가 없다. 결국 현시점에서 우리가 잘해야 하는 일은 비싸게 파는 것이다.

물론 폭등기에 진입하면 계속 오를 것 같은 생각에 주저할 가능성이 높다. 또한 설령 매도하더라도 그 이후 더 높은 가격에 다른 매물이 거래된다면 아쉬움도 남을 것이다. 하지만 최고점에 팔고 싶어도, 우리 의지대로 될 수 없는 것이 투자 세계에서 매도다. "무릎에 사서 어깨에 매도하라"라는 말처럼, 폭등기에 매도한다면 최소 어깨 수준은 될 것이다. 폭등은 영원히 지속될 수 없다. 폭등이라는 것은 결국 거의 최고점에 도달했다는 반증인 만큼, 남들이 구매하려는 사고와는 역행해야 한다. 수익이 났다면 더 욕심 부리지 말고 지금 팔아서 현금 확보에 몰두하자.

다주택지가 부동산 수를 줄이는 것은 물론이거니와 1주택자 역시 매도하고 세입자로의 전환을 해야 한다. 하지만 현실적으로, 부동산의 본연의 역할인 주거로 인해 매도를 선택하는 것이 어려울 것이라는 것도 충분히 이해한다. 실거주의 경우 이사를 해야 하는 번거로움이 발생할 뿐만 아니라 직장이나 자녀의 학교 이농과 같은 그 외의 고려 사항이 복잡하게 엉켜 있기 때문이

아파트 매도의 기술

다. 심지어 1주택자인 경우, 최소한 자기 집은 있어야 한다는 생각 때문에 매도를 섣불리 진행하기 어려울 것이다. 하지만 하락기를 경험해 본 사람들이라면, 실거주 이유나 내 집 보유라는 명분보다는 안정적인 현금의 가치가 중요하다는 것을 누구보다 잘 안다. 떨어질 것을 알면서도 귀찮음이나 매도가 번거롭다는 이유로 아무런 행동을 하지 않는다면 자신의 재산 중 큰 비중이 한순간에 사라질 수 있다.

⊘ 투자전략 추격 매수는 절대 금지, 단 적절한 청약은 OK

폭등이 있다면 언젠가는 하락이 있음을 이해하고 하락에 대비해야 하는 전략이 필요하다. 지금까지 매수하지 않은 경우라면 다음 사이클이 도래할 때까지 무주택자로 있는 것이 더 좋은 선택이다. 뒤늦게 시장에 참여하다가는 본인이 산 가격이 꼭지가 될 수 있다. 특히 폭등기의 가격은 비싼 수준을 넘어 보통 사람들이 감당하기 버거운 수준이다. 그로 인해 영끌은 필수이다 보니 대출을 감당하느라 가뜩이나 부족한 생활비 역시 줄여야 하는 상황이 발생한다. 이렇게 힘들게 매수한 부동산이 다시 상승하면 좋겠지만 만약 하락기에 진입하여 자산 가치까지 하락한다면 삶이 피폐해 질 수 있다. 따라서 폭등기에 매수하는 것이 아니라 미래에 다가올 새로운 타이밍을 도모하는 것이 좋다.

그럼에도, 정부에서 발표한 신도시나 택지지구 등의 낮은 가격에 분양하는 아파트에 대한 청약 신청은 좋은 선택이다. 단, 나혼자만 무주택자라는 심리적 조바심이 들더라도 높은 가격에 분양하는 청약은 최대한 신중하게 접근해야 한다. 청약 이후 2~3년 뒤 입주가 이뤄질 텐데 그때의 시장 분위기는 폭등기와는 다른 분위기로 전환될 가능성이 높다. 입주 시점에서의 시장 분위기가 하락기로 전환된다면 잔금을 맞추기 어렵거나 세입자를 구하는데 어려울 수 있는 만큼 반드시 합리적인 분양가인 아파트 위주로의 청약 참여가 필요하다.

침체기에서 대응하는 방법

✅ 매도 전략 지금 매도하지 않으면 큰 돈이 사라진다.

폭등의 시기가 지나면 정부의 정책이나 금리 등 다양하고 복잡한 변수가 결합되어 어느 순간 정체구간이 다가온다. 이러한 변화에도 매물의 호가는 높게 유지되기 때문에 사람들은 점차 매수를 외면하게 된다. 침체기에서 장기간 새로운 손바뀜이 일어나지 않는다면 반드시 어떠한 방법을 써서라도 매도해야 한다.

폭등기의 최고점 대비 일부 하락한 금액을 아쉬워하지 말고, 뒤도 돌아보지 않는 과감한 결단이 필요하다. 아무리 매수수요가 없더라도, 호가 대비 가격을 조정하여 낮춘다면 내 물건을 받아

아파트 매도의 기술

줄 매수자를 찾을 수 있을 것이다. 그런만큼, 공인중개사에 추가 매도 수수료나 인센티브를 제공하는 등 매도에 집중해야 한다.

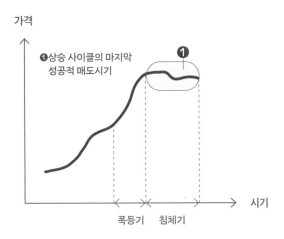

도표 3-17 마지막 성공적인 매도를 할 수 있는 침체기

투자는 냉혹하다. 누군가 돈을 벌면 누군가는 돈을 잃어야 하는 전쟁터와 같다. 내가 돈을 잃을지 유지할지 결정될 수 있는 여부는, 바로 마지막 타이밍인 침체기에서의 행동에 달려있다. 만약 적극적으로 행동하지 않는다면 하락기에서 순식간에 자산이 사라지는 모습을 볼 것이다. 그리고 사라진 자산을 회복할지 여부도 불확실하며 설령 회복된다고 하더라도 몇 년이라는 시간이 흐른 뒤 찾아올 것이다. 끔찍한 상황이 오기 전에 미리 탈출하여 행복의 시기를 보내야 한다.

⊙ 투자전략 현금을 보유하고 공인중개사를 멀리하라.

투자의 희비가 결정되는 마지막 순간은 바로 침체기이다. 누군
가는 매도를 통해 자산을 지킬 수 있는 시기인 반면, 누군가는
잘못된 매수를 통해 하락기를 직격탄으로 맞이해야 하기 때문이
다. 상승기를 거쳐 폭등기에 이르기까지 주택을 구매하지 못한
사람들에게 있어, 침체기의 일부 조정된 가격은 매수를 유혹하
는 덫과 같다. 더 이상 매수할 수 없다고 생각했던 가격에서 일
부 할인되다 보니, 초조한 사람들은 여전히 높은 가격임에도 싸
졌다고 생각한다. 그러나 명심해야 한다. 고점으로의 추가 상승
을 바라고 매수했다가는 후회의 주인공이 바로 내 자신이 될 수
있다. 따라서 가급적이면 부동산 검색이나 공인중개사를 멀리하
고 현금을 보유하는 방법을 선택해야 한다.

아파트 매도의 기술

06

심리 파악을 통한 효율적 투자 전략

상승과 하락 시기에 대하는 투자 심리와 상황

부동산 투자에 있어서 투자자의 심리는 매우 중요하다. 특히 돈은 인간의 심리와 욕심을 찾아 움직이는 특성이 있기 때문에 현명한 투자자가 되기 위해서는 마음을 이해하는 것부터 시작되어야 한다. 특히 사이클을 이해하기 위해서는 심리를 이해하는 것이 선행되어야 하는데, 심리 변화가 상승기를 지나 폭등기를 이끌기도 하고 그 이후 폭락을 주도하는 원동력으로 작용하기 때문이다.

상승장과 하락장에 따라 상황을 바라보는 양상이 극명하게 엇갈린다. 상승장에서는 부동산은 무조건적 우상향이라는 생각에 빠져드는 반면 하락장에서는 떨어지는 낙엽과 같이 부동산 시장은 끝났다는 인식과 동시에 투자 심리가 얼어붙게 된다. 상승장에서는 비싸더라도 매수하기만 하면 돈 번다는 생각에 높은 이자율에도 불구하고 걱정없이 투자하지만, 하락장에서는 가격이 더 떨어질 수 있다는 생각 때문에 매수를 꺼리게 된다.

매도에 대한 생각도 상황에 따라 달라진다. 상승장에서는 사려는 사람이 많은 매도자 우위시장으로 인해 팔고자 한다면 마음대로 팔 수 있지만 하락장에서는 팔려는 사람이 많은 매수자 우위시장으로 인해 누구라도 사주기만 한다면 고맙다는 생각을 한다. 투자에 대한 생각 역시도 상승장에서는 지금 못사면 벼락 거지된다는 인식이 강하지만, 하락장에서는 오히려 지금 사면 벼락거지된다는 인식이 지배하는 상반된 상황이 연출된다.

리스크 관점에서도 마찬가지다. 상승장에서는 금리가 높아도 오른다는 생각에 각종 돈을 끌어다가 투자하기 시작한다. 또한 역전세에 대한 생각은 전혀 고려하지 않고 여러 채를 구매하는 등 리스크를 중요하게 생각하지 않는다. 반면 하락장에서는 금리 인상 자체가 중요한 요인으로 작용하는데, 금리가 높아진다면 대출이자의 증가로 가계 부담을 증폭시킨다. 심지어 상승장에서는 고민하지 않았던 역전세의 압박으로 인해 전세 만기일에 대한 부담이 커져간다. 더 나아가 깡통전세집 가격이랑 전세금 가격이 차이가

　　　　　　　　아파트 매도의 기술

없거나 혹은 전세 가격이 집 가격보다 더 커서 전세 만기시 전세금을 돌려줄 수 없는 전세와 같이 커다란 사회적 리스크로 확산되기도 한다.

이처럼 부동산 시장의 사이클이 어느 위치인지에 따라 사람들의 마음은 변화한다. 시장은 흐름에 따라 흘러가는 것뿐인데, 우리의 심리가 한쪽으로 쏠리기 때문에 발생하는 것이다. 상승장에서는 탐욕스럽게 돈을 버는데 몰두하는 반면 하락장에서는 공포와 두려움을 바탕으로 지키기 위해서 몸부림친다. 결국, 이러한 극단적 움직임을 이해하고 이성적인 판단과 합리적인 의심을 바탕으로 중심을 지켜야 한다.

	상승장	하락장
시장을 보는 관점	부동산은 무조건 우상향한다	부동산 시장은 끝났다
매수에 대한 생각	비싸도 사기만 하면 돈을 번다	싸도 더 떨어질 때까지 기다린다
매도에 대한 생각	팔고 싶은 기준은 내가 정한다	누구라도 사주기만 한다면 고맙다
투자에 대한 생각	지금 못사면 벼락거지된다	지금 사면 벼락거지된다
리스크 관점	이자가 높아도 영끌해서 산다 역전세는 없다!	이자가 높으면 이자 부담이 된다 역전세는 죽음이다

도표 3-18 상승장과 하락장의 상반된 반응

투자 능력과 경험에 따른 사이클 단계별 심리 변화

그렇다면 각 사이클 상 우리의 심리는 어떻게 변화하는 것인가? 사이클에는 상승장과 하락장이라는 양 극단이 있는 것처럼 투자 세계에서도 일반 투자자와 투자 고수라는 극단이 존재하며 동일한 사이클에도 투자자들은 서로 다른 심리를 보인다.

⊘ 하락기 : 일반 투자자 **공포 그리고 어리석음**
투자 고수 **선제적 줍줍과 웃음**

부동산 가격이 폭락하게 되면 일반 투자자들의 마음에는 동요가 시작된다. 최고점 근처에서 매도를 계획했다가 매수를 철회한 사람들은 팔지 못했다는 다소 아쉬운 마음이 크게 남을 것이다. 최악의 상황은 고점에 매수한 이후 구매가격 이하로 떨어진 경우인데, 사람들의 심리는 사실상 정신적 패닉 상태로 접어들게 된다. 또한 갭투자를 한 사람들은 자산 가치 하락과 더불어 역전세가 발생함에 따라 전세금까지 내줘야 하는 상황으로 이어지며 스트레스를 이중으로 겪게 된다.

물론 보유한 아파트가 거래되지 않아 눈에 보이는 실거래가 하락이 없는 경우에는 내 자산은 폭락하지 않았다며 정신 승리하는 모습을 보이기도 한다. 반면 내가 보유한 아파트가 급매로 거래되어 매수한 가격 대비 커다란 하락이 진행된다면, 눈에 보

아파트 매도의 기술

이는 가치 폭락으로 인해 우울감과 더불어 매도한 사람에 대한 분노가 걷잡을 수 없을 정도로 깊어진다. 아파트 커뮤니티에서 매도자에 대한 비난과 더불어 "일정 금액 이하 매도 금지"와 같은 글들이 쏟아진다. 심지어 가족 중에서 투자를 조금이나마 주도한 사람에 대한 원망이 늘어나게 된다.

아무리 세상을 원망하거나 본전으로 회복되기를 기다려도, 언제 시장이 좋아질지 모르기 때문에 시간이 지나면 자포자기하는 순간이 다가온다. 이 순간까지 온다면 사실상 하락기 말기에 도달한 것이다. 하락기 말기에는 이왕 비자발적 장기투자자가 된 만큼 버텨야 한다. 그런데, 더 이상 견딜 수 없다는 생각으로 매도를 선택한다면 최악의 투자자로 등극하게 된다.

반면 투자 고수는 상승기 혹은 폭등기에서 자산을 매각하여 현금을 확보하고 있을 가능성이 높다. 보유한 현금을 바탕으로 저렴하다고 생각이 드는 물건에 대해 호기롭게 탐색이 가능하다. 공인중개사에 방문했을 때는 왕과 같은 대접을 받을 수 있으므로 기분이 덩달아 좋아지게 된다. 이와 더불어 하락폭이 큰 매물을 선제적으로 매수하는 것이 가능하여 한 단계 부의 상승을 이룰 수 있는 만큼 행복한 미소가 끊이지 않는 시기가 바로 하락기이다.

✓ 안정회복기 : 일반 투자자 **의심과 관망 그리고 지긋지긋한 심리**

투자 고수 **느긋한 마음**

하락기를 거쳐 다시 분위기가 조금씩 변화하는 안정회복기가 오더라도는 일반 투자자들은 의심과 관망으로 일관한다. 최소 몇 년 동안 인고의 시간을 버텼던 사람들은 조금씩 매수세가 발생하더라도, 그간 고통의 기억과 더불어 지긋지긋한 마음이 먼저 떠오른다. 거래가능한 가격이 상승하여 손실액이 감소하는 상황으로 이어지면 혹시 다시 떨어질 수 있다는 불안감으로 인해 투자금을 회수하고 싶은 마음이 든다.

이 시기와 더불어 개인적 사정으로 인해 갑작스럽게 돈이 필요한 시기가 겹치게 된다면 상황이 다소 복잡하게 흘러간다. 대출이나 기타 자금을 차용할 계획을 알아보면 좋겠지만, 간혹 꼴도 보기 싫었던 부동산을 매도하는 악수를 선택하는 것이다. 이러한 잘못된 선택으로 부동산 시장에서 이탈하게 된다면, 더 이상 부동산 시장에 발을 들이는 것이 불가능해진다.

매수차원에서 일반 투자자들은 여전히 의심과 관망으로 일관한다. 싸게 사거나 혹은 큰 돈 안들이고 갭투자를 할 수 있는 절호의 기회에서도 혹시나 하락하는 것이 아닌지 걱정이 먼저 앞선다. 가격이 싸면 구매해야 한다는 원칙을 지키지 못하고 혹시 호구가 되는 것은 아닌지에 대한 두려움으로 인해 지나친 의심이 관망하는 분위기로 이어지는 것이다.

반면 고수들은 선제적으로 투자시장에 진입하여 좋은 매물을 하나씩 하나씩 주워간다. 특히 고수들은 투자금이 일반 투자자보다 여유로울 가능성이 높다. 자금력을 바탕으로 분양권이든 미분양아파트든 간에 자신이 원하는 매물에 빠르게 진입하는 것이 가능하다. 낮은 가격에 매수하는 만큼 느긋한 마음으로 향후 시장의 사이클이 상승기로 진입할 때까지 기다릴 수 있는 여유로운 마음이 있다.

⊘ 상승기 : 일반 투자자 훈풍의 인식과 여전히 조심스러운 마음
투자 고수 확신의 심리와 적극적 대응

일반 투자자들은 상승기가 오면 조금씩 시장 분위기에 훈풍이 불어오고 있다는 사실을 인지하게 된다. 많은 언론에서도 부동산 시장에 대한 긍정적인 기사를 연이틀 다루다 보니, 부동산 상승에 대한 사람들의 기대감이 높아진다. 그로 인해 별로 부동산에 관심이 없던 사람들도 하나 둘씩 시장에 진입하기 시작한다. 그럼에도 여전히 하락하는 것은 아닌지 두려움으로 인해 조심스러운 마음이 강하다. 이런 와중에 시장이 점차 가열되는 상황을 예방하고자 정부의 규제로 일시적 조정을 받게 되면, 집값이 다시 하락할 수 있다는 공포에 사로잡혀 한발 뒷걸음을 치는 상황으로 이어진다.

반면 고수는 확신과 평온한 마음으로 상황을 바라본다. 하락기나 안정회복기에 선진입한 고수들은 이미 수익구간에 진입하였기에 추가적인 투자에 대한 열정이 증가할 것이다. 더욱이 지속적인 수익구간으로 인해 불확실한 미래에 대해 걱정할 필요가 없으며, 평온한 마음으로 다음 투자 지역을 물색하거나 더 좋은 물건으로의 전환을 고려하는 등 선택지가 많다. 상황에 따라 투자 고수는 부동산 법인의 장점을 활용하기 위하여 신규 법인을 신설한 후 투자에 적극 참여한다. 부동산 법인을 운영하면 단기 매매 시 개인보다 낮은 세율이 적용되고 각종 사업 관련 지출 비용을 경비로 처리할 수 있기 때문에 고수들은 자산 증가를 위한 투자 전략으로 법인 명의를 활용한다.

⊘ 폭등기 : 일반 투자자 **확신과 열광 그리고 초조함**
투자 고수 **차분함과 실제적 수익화 기쁨**

일반 투자자들은 폭등기가 되어서야 드디어 확신에 차서 투자를 시작한다. 투자한 결과가 운좋게도 단기간에 매매호가와 실거래가가 상승한다면 자신은 투자의 신이라는 생각에 빠져 자화자찬하는 모습 역시 빈번하게 볼 수 있다. 주변 사람들에게는 자신의 투자 성공기를 보란 듯이 이야기 하고 싶은 마음에 입이 근질근질할 것이다. 자신의 경험과 성공기를 바탕으로 "부동산은 우상향한다"는 맹목적인 믿음에 빠진 일반 투자자들은 묻지마 투자를 일삼기도 하고 더 오를 것이라는 강한 믿음으로 인해 매도를

150

통한 수익화 실현을 하지 못한다.

폭등기의 종착지에 다다르면 사람들은 지나친 가격 상승에 대한 거품론을 외치기도 한다. 하지만 주변에서 지금 안사면 못 번다는 의견과 함께 둘이상 모이기만 하면 부동산 투자로 돈을 벌었다는 이야기가 대화의 흔한 주제로 자리 잡는다. 지금까지 거품론을 주장했던 사람들 중 여전히 매수하지 못한 사람들은 무한 상승론에 흔들리고 동조하기 시작한다. 결국 지금 매수하지 못하면 더 이상 돈을 벌 수 없다는 초조함과 함께 나혼자만 부동산에 투자를 못하고 있다는 불안감이 결합하여 뒤늦게 막차에 뛰어드는 우를 범한다.

반면 고수들은 사이클의 흐름이 상승이라는 한 방향으로 흘러가는 모습과 더불어 묻지마 투자와 같은 비정상적인 모습을 보면서, 내 물건을 사줄 사람이 있는 상황에서 수익을 실현하는 방향으로 선회한다. 일반 사람들이 환호와 탐욕에 빠져 있을 때 오히려 냉철함 마음으로 시장을 바라보며 선제적 현금화를 하는 것이다. 설령 매도를 결정한 이후에 더 높은 가격에 팔리더라도 아쉬워하지 않고 냉철하게 현 상황을 바라보며 수익화 실현에 만족한다. 그리고 조용히 다음 하락기가 올때까지 느긋하게 기다린다. 폭등 뒤에는 필연적으로 폭락이 기다리고 있다는 사실을 인지하면서 말이다.

☑ 침체기 : 일반 투자자 애써 무관심 또는 싸졌다라는 생각에 매수
투자 고수 관망

최고점 대비 호가가 낮아진 매물이 등장하거나 실거래가가 낮은 거래가 이루어지면 많은 사람들은 처음에는 일시적 하락이라고 간주하고 애써 무관심한 척하려고 노력한다. 여전히 수익구간인 경우라면 큰 충격없이 시장을 바라보는 것이 가능하다. 하지만, 고점에 무한 상승론을 외치면서 뒤늦게 진입한 경우라면 가격이 조정되거나 일부 하락하는 상황에 대해 무시하거나 부정하려는 마음이 은연 중에 피어오른다.

일부 투자자들은 고점 대비 하락한 가격을 싸다고만 인식하여 뒤늦게 매수에 참여한다. 심지어 가격이 추가 조정된다면 오히려 저가 매수의 적기로 생각하면서 투자를 늘리는 실수를 범하기도 한다. 싸게 샀다고 좋아하며 행복함을 느끼는 것이 얼마나 지속될지 모르고 말이다. 머지않아 자산 가격이 하락하는 상황을 목격하거나 매수 가격 대비 하락했음에도 소강 상태의 모습을 목격하게 되면, 점차 진지하게 하락에 내한 고민을 하게된디.

반면 고수들은 매도를 통해 현금을 확보한 만큼, 느긋한 마음으로 시장을 바라본다. 진정한 부자는 상승장이 아닌 하락장에서 발생할 수 있다는 사실을 누구보다도 잘 아는 부류가 바로 고수들이다. 현 상황을 주의 관찰하면서 든든한 현금다발을 바탕으로

아파트 매도의 기술

저점에 매수하기 위한 계획을 수립한다.

	일반 투자자	투자 고수
1단계(하락기)	공포 그리고 어리석음	선제적 줍줍과 웃음
2단계(안정회복기)	의심과 관망 그리고 지긋지긋한 심리	느긋한 마음
3단계(상승기)	훈풍의 인식과 여전히 조심스러운 마음	확신의 심리
4단계(폭등기)	확신과 열광 그리고 초조함	차분함과 실제적 수익화 기쁨
5단계(침체기)	애써 무관심 또는 싸졌다라는 생각에 매수	관망

도표 3-19 사이클상 일반 투자자와 투자 고수의 심리

성공적인 투자를 위한 자세

성공적인 투자를 위해서는 반드시 투자 원칙을 마음속에서 되새겨야 한다. 바로 싸게 사서 비싸게 파는 원칙이다. 너무나도 당연한 이 기본 원칙을 지키는 것뿐만 아니라 우리는 추가적으로 기억해야 할 원칙이 있다. 바로 수십 년을 걸쳐 비싸게 파는 것이 아니라 반드시 한 사이클 내에서 비싸게 팔아야 한다는 원칙이다. 그래야만 지속적인 부의 성장과 증식이 이어질 수 있는 것이다.

이러한 기본 원칙을 인지하지 못하거나 원칙에 맞지 않는 잘못된 투자를 한다면 투자의 기회비용을 날릴 뿐만 아니라 더 나아가서는 부의 성공 사다리를 스스로 무너뜨리는 최악의 상황으로 이어질 수 있다. 그러므로 반드시 사이클에 대한 이해를 바탕으로 행동해야 한다. 또한 고수의 마음으로 상황에 대한 반발짝 빠른 대응으로 투자의 선순환 구조를 만들어야 한다. 사이클에 대한 이해 없이 일반 투자자처럼 행동한다면, 잃어버린 10년/20년의 주인공이 내가 된다는 사실을 잊지 말자.

4장

아파트 매도 전략 1 :

사이클과
개별 매물
분석

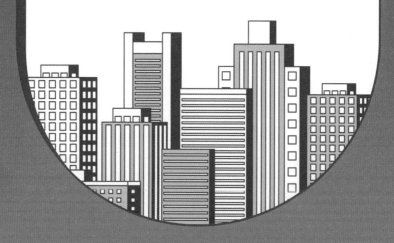

아 · 파 · 트　매 · 도 · 의　기 · 술

사이클과 개별 매물이 주는 특성을 파악하여 매도를 잘하기 위해서는 기술적 분석이 필요하다. 각 단계별 분석 전략을 바탕으로 개인별 상황에 접목시킨다면 투자 세계에서 웃는 사람은 여러분이 될 수 있다.

매수우위지수 분석

심리를 이해해야 하는 이유

성공적인 매도를 진행하기 위해서는 다양한 지표를 살펴봐야 한다. 특히 부동산 시장과 사이클 파악을 위해 미분양/전세가율/수요공급과 같은 지표를 이해해야 하며, 각 지표를 상호 연계하여 종합적으로 분석하는 과정은 매도를 잘하는데 필수적이다. 다양한 지표 중에 사이클을 이해하기 위해 가장 먼저 눈여겨 봐야할 것이 있다. 바로 인간의 심리이다.

부동산에서 심리가 중요한 이유는 매수/매도라는 의사결정이 결국 사람들의 심리에 영향을 받아 진행되기 때문이다. 상승한다는 믿음이 강하면 결국 서로 사려는 경쟁으로 이어지며 가격이 올라가는 결과를 발생시킨다. 점차 가격이 상승하는 모습을 지켜본 사람들의 심리는 사야겠다는 군중심리로 발전하면서, 점차 시장의 분위기를 바꿀 수 있는 원동력인 매수 행위로 이어진다. 반대로 가격이 하락하는 모습을 보면 사람들은 더 떨어질 수 있다는 심리가 작용하여 매수를 하지 않는 상반된 모습으로 변화한다. 결국 우리가 투자하는 이유는 바로 돈을 벌기 위함이다. 이러한 돈을 얻는 과정에서 개인과 군중의 심리를 이해하고 대응하지 않으면 현명한 투자자가 될 수 없는 만큼, 심리를 대변하는 심리지수를 파악하는 것부터 시작할 필요가 있다.

심리를 측정하는 매수우위지수

⊘ 전국 매수우위지수 분석

KB부동산 데이터허브(https://data.kbland.kr/) ➡ KB통계 ➡ 부동산 시장심리

먼저 살펴봐야 하는 지수는 매수우위지수이다. 매수우위지수란 KB부동산에서 주간 단위로 발표하는 지수로, 매수자와 매도자 긴의 비중을 바탕으로 삭성한 지수이다. 100을 기준으로 100

아파트 매도의 기술

이 넘으면 매수자가 활발한 매수우위 시장이며 100 미만인 경우에는 매도자가 많은 매도우위 시장으로 판단한다. 즉, 수요가 공급보다 많으면 매수우위지수가 높고 수요가 공급보다 적으면 매수우위지수가 낮게 나온다. 이 지표는 표본으로 지정된 공인중개사업소를 대상으로 조사된 통계이기 때문에 현장의 분위기와 시장의 흐름을 파악하는데 도움이 된다.

먼저 <도표 4-1>의 매수우위지수를 활용하여 최근 우리나라 전국 분위기가 어떠한 상황인지 살펴볼 필요가 있다. 먼저 폭등기의 정점이었던 2021년 말을 기점으로 살펴보자. 매수 심리는 폭등기를 대변하듯이 매수우위지수가 정점을 찍은 이후 갑작스럽게 급감하는 모습을 보인다. 심리 차원에서는 사람들이 매수할 수 있는 가격 범위를 넘어서거나 혹은 금리와 같은 대외변수가 영향을 미쳐, 더 이상 매수 욕구가 사라진 것으로 설명할 수 있다. 물론 심리지수는 후행지표경기의 움직임을 뒤따라가는 지표이기 때문에 최고점이었던 2021년 8월 기준에 분석하면 매수지수가 상승하는 모습이었을 것이다. 하지만 늦어도 2022년 초까지 지속적으로 파악했다면, 심리가 변화하고 있다는 사실을 파악할 수 있다.

그렇다면 현재 우리나라 분위기는 어떨까? 2023년 6월 기준 매수우위지수는 여전히 매도자가 많은 분위기이다. 매도자는 매물을 지금이라도 얼른 팔고 싶은 마음이 여전하지만, 매수자는 너그럽게 기다리면서 지켜보겠다는 심리가 두드러지기 때문에 매수자가 유리한 시장의 모습을 보인다. 수치로는 2022년 11월을 기점으로 매수분위기가 반등하고 있는 추세로 보인다. 심리 차원에서는 최저점 대비 조금씩 살아나는 모습으로 판단할 수 있지만 타 지표와 종합적으로 연계하여 살펴야한다. 또한 향후 매수우위지수 기울기가 급격히 상승하는 모습으로 변화한다면, 현장에서 상승기의 분위기로 찾아올 수 있다고 유추할 수 있는 만큼, 매도타이밍을 결정할 수 있는 심리지수를 주의깊게 살펴보는 것이 중요하다.

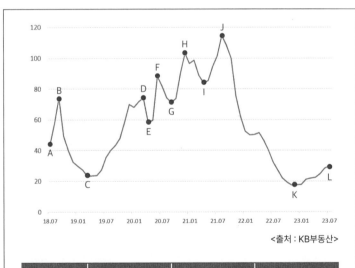

<출처 : KB부동산>

지역	지점	기간	매수우위지수
전국	A	2018년 07월	43.9
	B	2018년 09월	74.3
	C	2019년 03월	23.4

아파트 매도의 기술

지역	지점	기간	매수우위지수
전국	D	2020년 03월	74.3
	E	2020년 04월	58.3
	F	2020년 06월	88.2
	G	2020년 09월	71.3
	H	2020년 12월	103.4
	I	2021년 04월	84.0
	J	2021년 08월	114.8
	K	2022년 11월	17.3
	L	2023년 07월	29.8

도표 4-1 전국 매수우위지수

⊘ 개별 지역 매수우위지수 분석

KB부동산 데이터허브(https://data.kbland.kr/) ➡ KB통계
➡ 부동산 시장심리 ➡ 개별 지역 선택

다음으로 스스로 관심 있는 지역을 살펴봐야 한다. 개별지역을 살피는 이유는 개인에 따라 실거주지역이나 투자지역이 다를 뿐만 아니라 개별 지역의 시장 분위기는 지역의 고유 특성일자리, 산업트렌드, 미분양 등에 따라 다르게 움직이기 때문이다. 따라서, 전국과 더불어 개별지역을 같이 살펴봐야 한다.

지역	지점	기간	매수우위지수	비고
대구 광역시	A	2018년 07월	36.3	-
	B	2018년 09월	55.8	상승세
	C	2019년 05월	27.8	다소 보합세
	D	2020년 11월	129.4	최고점
	E	2022년 12월	6.4	최저점
	F	2023년 07월	13.0	-

도표 4-2 대구광역시 매수우위지수

<도표 4-2>는 대구지역의 매수우위지수이다. 대구는 전국 매수우위지수의 최고점보다 1년 앞선 2020년 11월 가장 활발한 투자 심리를 보인 이후, 매수 심리가 급격하게 위축되는 모습을 보인다. 이는 대구의 과도한 공급으로 인한 미분양과 연계되는데 전국장이 여전히 폭등기를 거치는 상황과는 달리, 공급 과다

가 대구지역의 투자 심리를 떨어트려 시장의 분위기가 하락하는 모습으로 이어진다. 2023년 7월 기준 전국 매수우위지수가 반등하는 그래프를 보이는 반면, 대구의 투자 심리는 여전히 가라앉아 있는 상황을 확인할 수 있다.

결국, 우리는 전국 단위의 심리를 파악한 다음 개별 지역을 파악하는 것이 중요하다. 특히 개인별 투자지역에 대한 인구/세대수/지역 경기변화 등과 같은 변화요인을 파악하고 시장의 분위기가 어떻게 변화할지 예측하여 사이클 변화에 따른 선제적 대응이 필요하다.

거래량
분석

심리의 흐름을 빠르게 알려주는 거래량

매수우위지수와 함께 사람들의 심리를 대변할 수 있는 지표가
존재한다. 바로 거래량이다. 매수우위지수가 사람들의 매수성향
을 분석하여 시장에 대한 통찰력을 제공할 수 있는 후행지표라
면 거래량은 부동산이 실제 어떻게 변화하고 있는지 판단할 수
있는 선행지표_{경기의 움직임보다 앞서 움직이는 지표}이기 때문에 중요하다.

 부동산에서 거래량이란 일정기간 동안 부동산이 거래되는 총
수량을 의미하는데, 사람들의 관심이 얼마나 많은지를 나타내는
지표인 만큼 사람들의 심리를 대변할 수 있다. 또한 거래량은 부

아파트 매도의 기술

동산의 사이클 변화를 예측할 수 있는 지표로도 활용될 수 있다. 사이클이 한 방향으로 지속하다보면 어느 순간 거래량의 분위기가 변화하는 시기가 온다. 특히 상승장이든, 하락장이든 한 방향으로 이어지는 흐름에서 거래량이 변동이 있다면, 무언가 새로운 사이클의 변화 신호로 인식할 수 있다. 때로는 동일한 시장 분위기에서도 거래량이 증가하거나 감소할 수 있는 만큼, 상황을 정확하게 분석하는 것이 선행되어야 한다.

하락장의 거래량 변화 요인

⊘ 거래량 증가 요인

하락장에서 거래량이 증가하는 이유는 크게 두 가지로 설명할 수 있다. 첫째는 높은 투자수익을 현금화시키는 과정에서 거래량이 증가하는 경우이다. 신축 아파트나 신축단지 등이 밀집한 지역과 같이 신축 프리미엄이 붙은 곳에서 주로 나타나는데, 매도자는 급격히 상승하여 얻은 수익분 일부라도 확보하겠다는 생각과 하락에 대한 공포가 어우러지면서 급매를 선택한다. 반면 매수자에게는 기존에는 가격 부담으로 인해 매수가 불가능했을 매물이 할인된 가격으로 쏟아지다 보니, 스스로 생각하기에 최저가 혹은 감당할 수 있을 것 같아 매수한다. 이렇게 이해관계가 맞는 거래로 인해 잦은 손 바뀜이 발생함에 따라, 하락장에서도 거래량이 증가하는 모습으로 나타난다. 사람들이 선호하는 신축 아파트에 급매가 발생하고 거래량이 폭발적으로 증가한다면 본격적인 하락의 서막을 알리는 신호탄이 될 수 있다.

두 번째는 가격이 바닥이라는 분위기로 인해 상승장에 대비한 기대 매수의 영향이다. 상승장에서 고점을 찍고 한없이 하락하다가 일정 가격대에 도달하게 되면 사람들은 더 이상 그 가격 이하로 매도하지 못하겠다는 심리적 저항이 발생한다. 아직 상승으로의 전환은 아니지만, 일부 반등하기 시작하는 순간 주로 거래량이 증가하는 모습을 볼 수 있다. 수도권이나 지역별 선호 아파트에서부터 먼저 거래량 증가가 발생하기 시작하는데 머지않아 새로운 기회가 올 것으로 예측하는 사람들의 선제적인 투자 결과의 모습이다.

⊘ 거래량 감소 요인

반대로 하락장에서 거래량이 감소하는 이유 역시 크게 두 가지다. 첫 번째는 여전히 높은 가격이라고 인식되어 매수할 마음이 없는 경우이다. 하락장에서 실거래가가 떨어지는 순간에도 여전히 비싸다고 판단한다면 사람들은 매수보다는 상황을 관망한다. 또한, 매수를 알아보는 시점대비 호가나 실거래가가 하락하는 방향으로 이어진다면 매수 계획을 사실상 철회하는 만큼, 거래량이 크게 감소한다.

두 번째는 거래할 물건이 없는 경우다. 특정 가격대에서 매도 물량이 전부 소진된 상황에서 발생하는데, 사실상 팔길 원했던 사람들은 모두 팔아서 거래할 매물이 더 이상 없는 경우에 해당한다. 하락장에서 하락 범위가 감당 가능한 범위를 넘어선다면, 집주인은 매도보다는 보유를 선택하게 될 것이다. 매도할 가치가 없다고 인식한 집주인은 하락장이 지나가기를 바라고 버티기에 돌입하면서, 거래 가능한 공급 물량 부족으로 인해 거래량이 감소한다.

상승장의 거래량 변화 요인

⊘ 거래량 증가 요인

상승장에 진입하게 되면 일반적으로 거래량이 증가한다. 아파트 매수를 통해 이익을 실현하길 원하는 사람들의 관심이 증가하면서, 그 기세의 여파가 결국 매수라는 행위로 이어진다. 이러한 분위기가 점차 커지면서 시장 분위기가 폭등으로 나아가면 수익을 얻을 수 있다는 사람들의 희망찬 기대감은 결국 거래량 증가라는 결과로 이어진다. 심지어 희망을 넘어 탐욕에 빠진 결과는 한 사람이 수십 채의 부동산을 매수하는 비정상적인 모습으로 확산하는 형태로 나타난다. 상승장에서 거래량은 수요로 인해 거래량이 증가하는 이유이다.

⊘ 거래량 감소 요인

상승장에서 거래량이 감소하는 이유는 크게 두 가지이다. 첫 번째는 많은 사람들이 이미 부동산을 매수하여 더 이상 새로운 여유자금이 남아있지 않을 때 발생한다. 주로 폭등기 막바지 무렵에 나타나는데 이 시기에 집주인들은 여전히 높은 가격에 호가를 설정하여 매도가 이루어지길 희망한다. 이미 매수할 사람들은 다 매수하였고 아직까지 매수하지 못한 사람들은 현실적으로 높은 가격을 감당할 가능성이 크지 않다. 높은 가격대와 더불어 거래량 감소가 발생한다면 더 이상 상승할 힘이 없다는 증거로 하락장으로 전환되는 계기로 작용할 수 있다.

두 번째는 세계적 분위기, 정부정책, 기준금리 변화 및 투자 심리가 복잡하게 연계되어 발생한다. 글로벌 전쟁, 전세계 전염병 그리고 글로벌 공급망 위기와 같은 대외 변수가 발생하면 거래에 영향을 미친다. 세계적 분위기 위축의 여파가 국내의 부동산 시장에까지 영향을 끼치면서 일시적 거래량 감소로 이어진다. 단순한 대외 변수의 충격은 단기적 충격으로 작용하여 세계적 위기나 정부의 일시적 규제와 같은 흐름만 지나간다면 결국 머지않아 거래량 역시 반전하여 증가하기도 한다.

그런데, 단기적으로 발생한 대외 위기에 금리 변화와 물가 상승과 같은 상황이 결합된다면 커다란 사이클 변화를 촉발시키기

아파트 매도의 기술

도 한다. 특히, 세계적 금리 인상의 여파로 국내 금리까지 인상된다면 기존 대비 높은 대출 금리를 이용해야 하는 사람들에게 부담으로 작용한다. 특히 금리가 단기간에 상승하는 시기와 부동산 시장의 사이클이 전환되는 시기가 겹치게 된다면 투자에 두려움을 갖는 사람들이 증가하면서 자연스럽게 거래가 보류되며 거래량이 감소한다.

거래량 파악 방법

앞에서 살펴본 바와 같이, 같은 거래량이라도 상황에 따라 의미가 180도 다르다. 거래량이 주는 의미를 잘 분석하면 시장의 사이클을 분석할 뿐만 아니라 지역 내 개별 아파트까지 더 정확하게 바라볼 수 있다.

⊘ 전체 부동산 거래 현황 분석

부동산 지인(aptgin.com) ➡ 지인빅데이터 ➡ 거래량 ➡ 전체

먼저 우리나라 전체 거래량이 어떻게 변화하고 있는지 살펴볼 필요가 있다. <도표 4-3>은 전국 거래량 현황이다. 2018년 이후로 월평균 약 4.8만 건 수준의 거래량이 기록되고 있으며, 2019

년 2월에는 기간 내 가장 적은 거래량 수치인 28,293건이 거래되었다. 그 이후 2020년 12월 최고 정점인 10.6만 건이 거래된 이후 점차 감소하기 시작하면서 2023년 1월에는 기간 내 최저치인 17,841건이 거래되었다.

최근에는 거래량이 증가하는 상황이지만 여전히 평균 수치를 하회하고 있다. 앞서 살펴본 전국 매수우위지수와 거래량을 종합해 본다면 심리가 반등하고 거래량 역시 증가하는 모습을 확인할 수 있는 만큼 시장 흐름 변화를 종합적으로 판단해야 한다.

아파트 매도의 기술

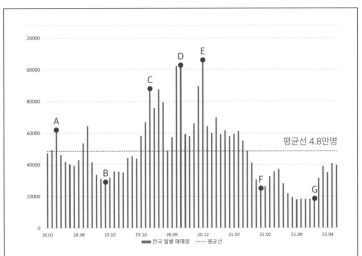

<출처 : 한국부동산원>

지역	지점	기간	월별 거래량(명)
전국	A	2018년 03월	62,050
	B	2019년 02월	28,293
	C	2019년 12월	87,933
	D	2020년 07월	102,628
	E	2020년 12월	106,027
	F	2022년 01월	24,465
	G	2023년 01월	17,841

도표 4-3 전국 거래량 현황

부동산 지인(aptgin.com) ➡ 지인빅데이터 ➡ 거래량 ➡ 개별 지역 선택

<도표 4-4>는 세종시의 거래량 모습이다. 세종시는 월 평균 500 건대의 매매 거래가 이루어지는 지역이다. 앞서 살펴본 전국 최대 거래량을 기록한 시기와 유사하게 2020년 8월 약 2.1천여 건대의 최다 거래가 기록된 이후, 최근에는 월평균 거래량을 상회하는 수준으로 거래되는 흐름을 보인다. 물론 2021년 11월과 같이, 전국 단위의 흐름과는 다른 흐름을 보이는 경우도 존재한다. 이 시기의 세종시는 대규모 입주물량으로 인해 거래량이 증가한 모습으로 부동산 사이클보다는 지방의 특색이 강하게 반영된 모습이다. 공교롭게도 부동산 폭등기의 정점 시기와 세종시의 거래량 폭발 시기가 유사하지만 지역 개별적 흐름을 부동산 사이클로 오인하여 해석한다면 잘못된 투자 결과로 이어질 수 있다. 따라서 지방의 경우에는 거래량이 대규모 입주가 원인인지 투자 분위기_{지역 내 매수 분위기나 외지인 투자 분위기} 등 유입이 원인인지에 따라 달라질 수 있는 만큼 주의해서 분석해야 한다.

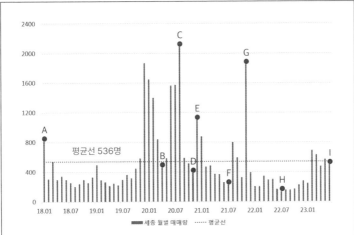

<출처 : 한국부동산원>

지역	지점	기간	월별 거래량(명)
세종시	A	2018년 01월	833
	B	2020년 04월	470
	C	2020년 08월	2,110
	D	2020년 11월	402
	E	2020년 12월	1,120
	F	2021년 07월	236
	G	2021년 11월	1,864
	H	2022년 07월	150
	I	2023년 06월	502

도표 4-4 세종시 거래량 현황

03

미분양
분석

미분양이 발생하는 이유와 의미

신축 아파트를 분양받기 위해서는 건설사라는 매도자가 있어야
만 거래가 가능하다. 그런데 사실상 전국민이 매수자가 되는 상
황에서 건설사가 공급한 신축 아파트가 분양가가 높고 입지가
완전히 좋지 않더라도 오른다는 확신만 있다면 다수의 사람들은
매수를 선택한다. 반면, 미분양이 발생하는 요인은 다양하다. 가
장 큰 이유는 매수 후 이익이 없을 것이라는 생각이 들거나 오히
려 마이너스 프리미엄일명 마피과 같은 손해를 볼 수 있다는 두려움
때문이다. 그 외에도 미분양이 발생하는 이유는 다양하기 때문
에 정확하게 파악하여 대처할 수 있어야 한다.

아파트 매도의 기술

발생 원인	주요 원인	주요 내용
수요 측면	사이클변화	사이클 변화에 따른 매수 심리 이탈
	고분양가	높은 분양가 정책으로 인한 수요 부족
공급 측면	초과 공급	건설사 혹은 정부의 과다 공급 정책
	비선호지역	비선호지역 공급으로 인한 인기 부족
	비선호평형	선호하지 않는 평형 공급으로 인한 인기 부족

도표 4-5 미분양 발생 원인

⊘ 사이클 변화로 인한 미분양

첫 번째는, 사이클 변화에 따른 구매 심리 이탈로 인해 발생하는 미분양이다. 하락장의 조짐이 보이는 상황에서 발생하는 미분양은 수요-공급으로 설명할 수 없는 일이 연출된다. 투자 암흑기가 시작될 수 있다는 분위기가 조성되면 돈을 버는 것보다 안정적으로 지키려는 심리가 강하게 작용한다. 그래서 오히려 청약에 참여하면 손해 볼 수 있다는 생각에 꺼려하게 되며, 기존에는 분양하면 무조건 완판되었던 서울/수도권 아파트에서까지 미분양이 발생한다. 서울 불패/입지 불패라는 환상이 깨지기 시작하면 전국 단위로의 미분양 분위기가 확산되며 본격적인 하락장으로의 진입을 알리는 기폭제가 되는 것이다.

⊘ 초과 공급으로 인한 미분양

두 번째는 수요 대비 과도한 공급으로 인해 발생하는 미분양이다.

우리나라는 아파트 선호도가 다른 나라보다 높아, 무주택자들에게 공평하고 저렴하게 신규 아파트를 공급하기 위해 청약제도를 운영한다. 높은 청약가점은 기본이며 해당 지역 거주 조건과 더불어 재당첨 제한 기준까지 운영하다보니, 실질적으로 청약에 참여할 수 있는 사람은 제한되어 있다. 그래서 무주택자는 한 번의 기회를 최대한 효과적으로 사용하려고 한다. 관심 있는 지역에 과도한 공급이 이루어진다면 사람들은 수많은 선택지 중 입지나 학군과 같은 요소 등을 고려하여 시세 차익이 많이 발생할 수 있는 아파트에 청약 신청을 할 것이다. 따라서 가장 좋은 아파트에는 청약 신청이 몰리고 선택받지 못한 아파트는 미분양이 발생한다. 단, 수급의 불일치로 발생하는 요인은 전국단위보다는 지역별 개별 특성에 따라 다르게 발생하기 때문에 해당 지역의 수요-공급 상황을 별도로 판단할 필요가 있다.

⊘ 고분양가로 인한 미분양

세 번째는 고분양가 정책에 따른 가격으로 인해 발생하는 미분양이다. 아파트 가격이 상승하는 시기에는 분양가도 지속적으로 상승한다. 서울의 핵심 지역 뿐만 아니라 주변 지역 그리고 지방까지 분양을 하면 높은 경쟁률과 더불어 완판 되는 과정을 겪으면서 건설사는 분양가를 계속 올린다. 그런데, 무주택자들은 현실적으로 높은 분양가의 아파트를 감당하기란 매우 부담스러운 일이다. 게다가 과거 9억 원 초과 대출제한이나 15억 원 초과 대

아파트 매도의 기술

출 중단과 같은 상황이 연계된다면 지금까지 부동산을 구입하지 못한 무주택자들은 자금이 상대적으로 부족하기 때문에 구매 여력이 없어 청약의 기회는 단절되는 것과 마찬가지다. 결국 고분양가 아파트를 매수할 수 있는 신규 수요는 기존 부동산을 보유한 사람들 중 자산 증식을 한 사람들에게만 해당되는 만큼, 자금을 감당할 수 있는 사람들이 부족하여 미분양으로 이어진다.

⊘ 비선호지역 공급으로 인한 미분양

네 번째는 비선호 지역에 대한 공급으로 인해 발생하는 미분양이다. 사람들은 이왕이면 상권도 잘 갖춰져 있고 교통 인프라나 교육환경 그리고 주변시설 등 다양한 인프라를 같이 느낄 수 있는 지역에 거주하길 원한다. 그런데 이러한 기본적인 요소가 상대적으로 열악하며 그 외 매력을 끌만한 장점도 없는 지역에 많은 공급이 이뤄진다면, 미분양이 발생할 수 있다. 심지어 오랫동안 무주택으로 인해 높은 청약점수를 보유한 사람들은 청약에 당첨될 확률이 높은 만큼, 이왕이면 선호 지역에 신규 아파트가 분양될 때까지 기다릴 것이다. 따라서, 애매한 지역에 청약 기회를 써버리려고 하지 않기 때문에 미분양이 발생한다.

⊘ 평형별 불균형에 따른 미분양

마지막으로 비선호 평형 공급에 따른 미분양이다. 우리가 생활하기에 필요한 평형이 존재한다. 30평대가 국민 평형이라고 불리는 이유는 다 의미가 있는 것이다. 그런데, 1인 가구에 적합한 소형아파트10평형대 아파트를 과도하게 공급하거나 시기와 관계없이 대형 평수 아파트를 대량 공급한다면 미분양이 발생할 수 있다.

미분양 파악 방법

결국 사람들의 투자 심리를 대변하는 미분양이 일시적인 미분양인지 아니면 거품이 빠진 후 침체의 늪으로 빠질 수 있는 미분양인지 구분하고, 향후 어떤 방향으로 나아갈지 예측하고 대비해야 한다. 전국 미분양 아파트 수가 증가하고 있는 상황은 부동산 시장이 하락장으로 진입하고 있는 모습으로 판단할 수 있는 반면, 미분양 수가 감소하는 경우에는 시장의 흐름이 긍정적이라고 판단할 수 있다. 부동산 시장의 흐름을 파악할 수 있는 미분양 현황을 잘 파악해보자.

✓ 전국 미분양 현황

> 부동산 지인(aptgin.com) ➡ 지인빅데이터 ➡ 미분양 ➡ 전체

처음 살펴볼 미분양은 전국 미분양 현황이다. 이 자료는 우리나

아파트 매도의 기술

라 부동산 시장의 투자 심리를 반영하기 때문에 부동산 시장의 흐름이 어떤 방향으로 흘러가는지 예측할 수 있다. 따라서 미분양이 일시적인 사회적 현상인지 아니면 사이클 변화의 흐름인지를 파악하는 것이 중요하다.

<도표 4-6>과 같이 전국 미분양 현황을 살펴보면, 전국 미분양 수치는 월평균 4.3만 건 수준을 유지하고 있다. 그런데 2019년 6월 이후 미분양 수치가 감소세로 이어지고 2021년 9월에는 1.3만 건대의 매우 낮은 미분양 수치를 기록하였다. 미분양 수치가 큰 폭으로 하락한 이 시기가 바로 우리가 잘 아는 폭등기의 정점이며 그 이후 침체기와 하락기를 겪으면서 다시 미분양이 증가하는 추세를 보인다. 2023년 6월 현재, 2023년 2월이 미분양 수치의 최고점을 찍은 후 시장의 모습이 좋아지는 상황이다.

매도 차원에서는 미분양이 최저 수준을 기록하는 2021년이 최대 수익을 낼 수 있는 시기였을 것이다. 향후 전국 미분양 수치가 평균 이하로 낮아져 큰 폭으로 감소한다면 이러한 시기를 잘 포착하여 매도 타이밍을 결정하는 것이 중요하다.

평균선 43,404명

<출처 : 부동산지인>

지역	지점	기간	미분양 수
전국	A	2019년 06월	63,687
	B	2021년 09월	13,842
	C	2022년 03월	27,974
	D	2023년 02월	75,438
	E	2023년 06월	66,388

도표 4-6 전국 미분양 및 준공 후 미분양 현황

⊘ 개별 지역 미분양 현황

부동산 지인(aptgin.com) ➡ 지인빅데이터 ➡ 미분양 ➡ 개별 지역 선택

투자자 입장에서는 전국 지역뿐만 아니라 개별 지역의 미분양을

아파트 매도의 기술

함께 살펴봐야 한다. 전국적으로 발생하는 미분양 추세는 유사하게 흘러가지만 각 지역의 흐름은 지역 상황에 따라 개별적으로 움직이기 때문에 전국 흐름과 반드시 일치하지 않는다. 그럼에도, 투자한 지역이 전국 사이클과 동시에 하락으로 이어진다면 장기간 어려운 시기를 겪을 수 있다. 따라서 반드시 전국 미분양 분위기와 지역 분위기를 연계하여 미분양 추이를 주목해야 한다.

<도표 4-7>은 대전광역시의 미분양 현황이다. 대전광역시는 월 평균 약 1천 건대의 미분양을 기록하던 도시였으나 2022년 9월 기점으로 미분양수가 평균 수치를 넘어서는 모습을 보인다. 특히 2022년 12월 대규모 미분양이 증가한 이유는 연말에 분양한 대규모 주택 재건축 아파트의 영향이 크다. 기존 2022년 하반기부터 증가하던 미분양 추세와 함께 고분양가라고 불리던 약 2천세대의 아파트 분양 여파가 결합하여 대전시 미분양 사태를 유발시켰다. 그 이후 미분양 숫자는 급격히 감소하고 있으나 과거 대전광역시의 미분양 수치와 비교했을 때 여전히 좋은 분위기라고 판단하기에는 어려운 실정이다.

지역	지점	기간	미분양 수
대전광역시	A	2018년 02월	1,210
	B	2019년 12월	724
	C	2020년 02월	1,012
	D	2022년 01월	423
	E	2022년 09월	1,430
	F	2022년 12월	3,239
	G	2023년 06월	1,729

도표 4-7 대전광역시 미분양 및 준공 후 미분양 현황

⊘ 준공 후 미분양 현황

마지막으로 악성 미분양이라고 불리는 준공 후 미분양 추이를 확인해야 한다. 일반적으로 분석하는 미분양은 준공 전 미분양으로 아직까지 실제 아파트가 완공되지 않은 상황에서, 몇 년 후까

아파트 매도의 기술

지 지속적으로 하락장이 지속될 가능성을 높게 평가한 사람들이 선택한 결과이다. 반면, 준공 후 미분양은 아파트가 다 지어진 이후에도 분양이 안되어 공실로 남아있는 미분양으로, 현재의 시장 분위기가 전반적으로 좋지 않다는 사실을 대변한다. 신축으로 준공이 완료되었음에도 빈집 형태로 남아있게 되면, 부동산에 대한 심리는 바닥으로 떨어지게 된다. 깨끗한 아파트도 팔리지 않는 상황에서 구축 아파트의 분위기가 좋을 가능성은 희박하다.

과거 부동산 하락장에 공통적으로 준공 후 미분양이 크게 늘어난 점을 감안할 때, 준공 후 미분양이 증가한다면 강력한 하락의 신호로 인식해야 한다. 반대로 부동산 흐름에 따른 미분양 수 감소뿐만 아니라 준공 후 미분양이 감소하거나 완전 소진된다면 상승의 전조로 판단할 수 있다.

<도표 4-8>을 통해 창원시의 준공 후 미분양 현황을 살펴보자. 창원시는 월 평균 약 3.3천 건대의 미분양 수치를 기록하던 지역이다. 2016년부터 증가한 미분양은 2018년 상반기에는 사실상 최고 수준의 미분양 수치를 기록하였으나 2020년 6월에 되어서야 급속도로 감소하는 모습을 보인다. 특히 준공 후 미분양은 2020년 6월 한 달 만에 약 4천 건의 수치가 증가하였으나 이는 창원시 내 마산합포구 한 단지에서 발생한 대규모 미분양 영향이 크다. 그 이후, 준공 후 미분양을 포함한 전체 미분양 숫자가

급속하게 소진되어 2023년 5월 기준 전체 미분양은 단기간 소진될 수 있는 수준이다. 전국 미분양 분위기와 앞서 살펴본 대전광역시와 비교하였을 때, 창원시는 준공 후 미분양을 포함한 전체 미분양 관점에서 더 좋은 흐름을 보이는 만큼 시장 분위기가 좋아진다면 더 빠르게 반등할 가능성이 크다고 판단할 수 있다.

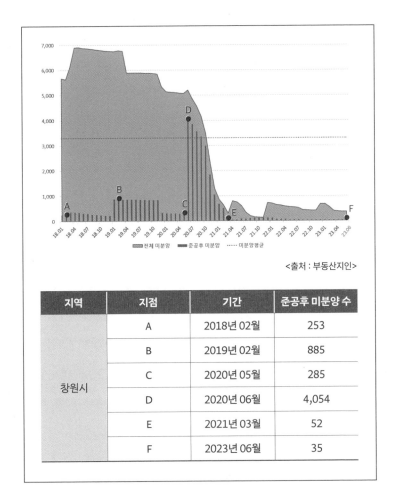

<출처 : 부동산지인>

지역	지점	기간	준공후 미분양 수
창원시	A	2018년 02월	253
	B	2019년 02월	885
	C	2020년 05월	285
	D	2020년 06월	4,054
	E	2021년 03월	52
	F	2023년 06월	35

도표 4-8 창원시 미분양 및 준공 후 미분양 현황

아파트 매도의 기술

04

수요와
공급 분석

부동산 가격 형성에 중요한 수요와 공급

부동산의 가격을 형성하고 변화시키는 요인은 다양하다. 그 중 시장의 흐름을 이해하는데 중요한 개념이 바로 수요와 공급이다. 수요와 공급만 이해해도 부동산 공부의 50%는 했다는 이야기 있는 만큼, 시장을 이해하기 위해서는 반드시 분석해야 한다.

부동산에서 수요는 구매 능력이 있는 사람들이 매수 혹은 전세로 거주하려는 욕구를 말한다. 이러한 수요는 인구나 세대수의 변화에 따라 밀접하게 반응하며 지역별 소득 수준이나 사이클에 따른 투자 심리 등에 연계하여 변화하기도 한다. 또한 지금 당장 필요해서 구매하는 실수요가 있는 반면, 매수를 통해 가치 상승을 위한 투자수요 그리고 지금 당장은 필요하지 않지만 부동산 가격의 변화를 예측하여 미리 매수하는 가수요도 있다.

반면 공급은 건설사나 정부 그리고 부동산을 소유한 개인이 부동산을 매도하거나 임대하려는 욕구를 말한다. 부동산의 사이클, 대체재의 가격, 토지나 건축비의 변화 등 다양한 요인에 따라 변화한다. 특히, 개인에 의해 공급되는 물량보다 건설사에 의해 신규로 공급되는 물량이 부동산 흐름 변화에 직접적인 영향을 미친다. 이러한 부동산의 수요와 공급 변화가 부동산의 사이클과 가격의 변화를 유발시킬 수 있는 만큼, 수요와 공급을 분석하는 것이 중요하다.

수요량 파악 방법

부동산 지인(aptgin.com) ➡ 수요/입주 ➡ 개별 지역 선택

우리가 먼저 고려해야 할 지표는 수요량이다. 그렇다면 지역의 수요는 어떻게 알 수 있을까? 실제 부동산 시장에서 사람들의 심리와 연관되어 있는 수요를 예측하는 것은 사실상 불가능

아파트 매도의 기술

하다. 그래서 '해당 지역의 인구수 × 0.51%' 수준으로 계산된 평균값을 지역 수요로 예측한다.

<도표 4-9>는 울산광역시의 수요/공급 모습이다. 여기서 점선으로 표기된 선이 바로 수요량이다. 울산광역시 인구가 110만임을 감안할 때 대략 5~6천 가구 수준을 수요량으로 제시하고 있다. 현실적으로 제공되는 수요량은 대략적인 예측 자료로 인식하고, 추후 공급량을 분석할 때 기준점 차원으로 이해하면 된다.

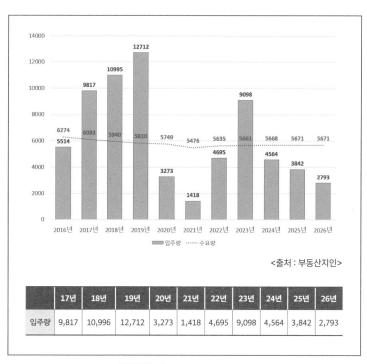

<출처 : 부동산지인>

	17년	18년	19년	20년	21년	22년	23년	24년	25년	26년
입주량	9,817	10,996	12,712	3,273	1,418	4,695	9,098	4,564	3,842	2,793

도표 4-9 울산광역시 수요량

공급량 파악 방법

부동산 지인(aptgin.com) ➡ 수요/입주 ➡ 개별 지역 선택

우리나라에서 인구수가 크게 증가하는 지역은 원주 지역을 제외하고 사실상 많지 않다. 심지어 지역의 산업 트렌드 변화와 대규모 일자리 창출과 같은 인구수나 세대수가 폭발적으로 늘어날 수 있는 요인이 있는 경우를 제외하면 실거주 차원에서의 지역 내 수요량은 큰 폭으로 변화하기 힘들다. 이처럼 대부분의 지역은 수요량이 증가하기 어려우므로, 부동산 가격이나 미분양을 결정하는 핵심 요인은 바로 공급량이다. 그래서 우리는 공급량을 집중해서 살펴봐야 한다.

⊘ 해당 지역 당해 연도 공급량 분석

먼저 해당 지역인근 대체지역 포함의 당해 연도 공급량을 살펴봐야 한다. 공급량은 입주 물량과 준공 후 미분양으로 구성된다. 입주물량은 기존 아파트 분양을 완료하고 당해 연도에 입주를 대기하고 있는 신축 아파트 세대수를 의미한다. 또한 준공 후 미분양은 신규 입주가 가능한 물량이기 때문에 공급으로 간주할 수 있다.

이러한 공급량은 수요 공급의 법칙에 의해 가격 형성에 중요

한 영향을 끼친다. 물론 부동산이 갖는 서로 다른 가격과 위치 그리고 지역별 성격이 다르기 때문에 공급량이 많다고 가격 하락으로 무조건 이어지는 것은 아니다. 또한 하락장에서는 공급과는 무관하게 가격이 하락하는 현상이 발생하기도 한다. 반면 상승장에서는 아무리 공급이 많더라도 가격 상승을 예상한 투자자들이 많은 집을 매수함에 따라 가격이 상승할 가능성도 있다. 그럼에도 수요량을 초과하여 공급이 이뤄진다면 수급 불일치로 인해 가격 하락의 가능성이 높아지는 만큼, 당해 연도 공급량준공 후 미분양 포함을 반드시 검토해야 한다.

<도표 4-10>은 인천광역시의 공급량 모습이다. 2023년도에는 약 5만 세대= 입주물량 4.9만 + 준공 후 미분양 677세대가 공급되는 반면 수요는 1.5만 세대 수준에 지나지 않는다. 부동산 경기 변화에 따라 큰 폭의 수요가 증가하지 않는 상황이라면 약 3.5만 세대라는 과도한 입주물량의 여파로 인해 전세 가격 하락에 따른 매매 가격 하락까지 이어질 수 있다. 따라서 인천에 신규 분양을 받은 사람이거나 기존 소유자에게는 수요 공급 관점에서 유리한 상황이 아니다. 설령 부동산 시장이 좋더라도 이 정도 수준의 많은 매물을 소화하는 것은 쉽지 않기 때문에 단기간에 가격 상승을 예측하는 것은 다소 무리가 따른다.

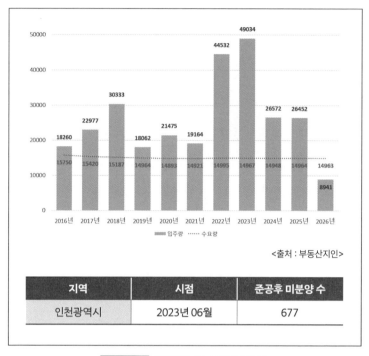

도표 4-10 인천광역시 공급량(입주량)

지역	시점	준공후 미분양 수
인천광역시	2023년 06월	677

⊘ 개인별 매수 시점 기준 2년/4년 후 공급량 분석

사람들은 미래의 부동산 시장에 대한 관심이 많다. 현재 하락을 경험한다면 언제 부동산 가격이 회복될 것인지 중요하게 생각하며 상승을 경험한다면 이러한 시장 분위기가 언제까지 지속될지 궁금해한다. 물론 시장의 다양한 변수로 인해 미래를 정확히 예측하는 것은 불가능하다. 하지만 부동산 시장의 미래를 일부나마 내다볼 수 있는 공급량 분석을 통해 향후 시장 변화의 가능성을 감안하여 미리 대비하는 것이 필요하다.

아파트 매도의 기술

미래의 흐름을 예측하기 위해서는 자신이 투자한 시점 대비 2년 후 및 4년 후 공급 물량을 살펴봐야 한다. 2년/4년 후 공급물량을 봐야하는 이유는 세법과 더불어 계약갱신청구권과 관련이 있기 때문이다. 실거주 1가구 1주택 아파트를 보유하고 있다면, 세법상 2년을 보유_{지역에 따라 2년 거주의미}해야만 비과세를 적용받을 수 있다. 다주택자인 경우에는 2년 이상 보유해야만 일반과세로 적용이 가능하며, 주택임대차보호법에서 다루는 임대차 계약 역시 2년이 기준인 만큼, 2년 뒤의 상황을 예측할 필요가 있다.

또한 4년 후 공급 물량은 2020년 7월 개정된 주택임대차보호법과 관련이 있다. 과거에는 임차인이 전세로 2년 거주한다면 임대인은 재계약을 거절할 수 있었다. 하지만 해당 법이 개정된 이후에는 임차인이 2년간 거주한 후 1회에 한해 계약갱신청구권을 사용하여 2년간 추가 거주가 가능하다. 그래서, 4년 뒤의 상황도 살펴봐야 한다.

2년/4년 후 공급량이 증가한다면, 현재 우리가 보유한 아파트는 신축과의 경쟁에서 살아남기 힘들 가능성이 높다. 반대로 해당 시점에 공급량이 감소한다면, 가격 상승과 시장 분위기 전환이 진행될 수 있다. 따라서 2년/4년 후의 공급량을 바탕으로 해당 시기의 시장 분위기를 예측하는 것이 중요하다.

단, 미래에 예정된 입주물량을 검토하기 위해서는 추가로 고려할 사항이 있다. 바로 확인되지 않는 공급량의 존재이다. 부동산 사이트에서 제공하는 입주물량 정보는 현재 분양한 정보만 다룬다. 그래서 분양 예정인 아파트 정보는 누락되어 있다. 우리는 미래의 불확실한 상황에 최대한 보수적으로 접근할 필요성이 있기 때문에 누락된 수치를 보정하는 작업이 필요하다. 보정 절차는 다음과 같다.

①먼저 각종 분양 정보를 확인할 수 있는 사이트(호갱노노, 부동산114, 아실, 닥터아파트 등)에서 분양 정보를 확인한다.

②해당 사이트에서 제공하는 자료 중 공급 예정인 단지 정보를 기록한다.

③4개 사이트 중 최소 2개 이상, 공통적으로 분양 예정으로 제시하는 경우는 입주 예상물량으로 기재한다.

④기존 확정 입주물량(부동산지인)에 입주 예상 물량을 더해 향후 입주물량을 추정한다.

물론 이렇게 추정된 수치 역시 건설사의 사정에 따라 변경될 수 있기 때문에 정확한 자료는 아니다. 하지만, 미래 발생할 수 있는 변수를 대비하는 것은 투자에 있어 중요한 만큼 보수적으로 접근하는 것이 필요하다.

아파트 매도의 기술

구분	지역	분양시기	분석 사이트				임주예상 물량
			호갱노노	부동산 114	아실	닥터 아파트	
26년 확정입주물량(부동산지인)							2576
A아파트	E동	23.11	–	–	72	72	72
B아파트	F동	미정	–	–	620	–	–
C아파트	G동	23.12	536		536	536	536
D아파트	H동	23.12	2400	2400	–	–	2400
E아파트	I동	23.08	–	1834	–	–	–
F아파트	J동	23.06	2740	–	–	–	–
총 합계							5,584

도표 4-11 미래 공급량 예측 분석표

⊘ 향후 누적 공급량 분석

부동산 투자에서 미래의 흐름을 예측할 수 있는 근거가 사실상 많지 않다. 미래에 가격이 오르거나 내린다는 확실한 근거만 있다면 대응할 수 있는 힘이 있는데 그 기준이 될 수 있는 지표가 바로 향후 누적 공급량이다. 향후 누적 공급량이란 현재 시점을 포함한 몇 년간 누적된 공급량을 의미한다. 통상적으로 3개년을 걸친 공급량을 향후 누적 공급량으로 판단하는데 이는 5년, 10년 뒤에 알 수 없는 시장의 흐름이 아닌 현실적으로 예상 가능한 시점이 사실상 3년 정도에 지나지 않기 때문이다.

<도표 4-12>와 같이 울산광역시의 향후 누적 공급량을 살펴보자. 앞선 미래 예측한 정보를 확인한 결과, 향후 3년간 누적공급량이 늘었다고 가정해보자. 2023년 대비 2024~2025년 입주량 수치는 감소했으나 그럼에도 전체 공급량은 연평균 수요량을 초과하는 수준이다. 만약 2025년에 전세가 만기되거나 신규 입주를 해야 하는 상황이라면 부동산 흐름이 좋을 것이라고 예측하기 쉽지 않다. 더욱이 2026년에는 2024~2025년 대비 증가한 공급량으로 인해 시장의 흐름은 좋지 않은 방향으로 흘러 갈 것이라고 예상할 수 있다.

아파트 매도의 기술

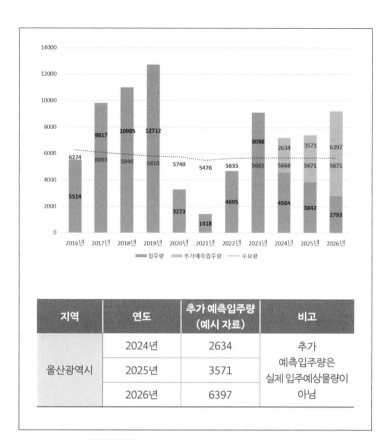

지역	연도	추가 예측입주량 (예시 자료)	비고
울산광역시	2024년	2634	추가 예측입주량은 실제 입주예상물량이 아님
	2025년	3571	
	2026년	6397	

도표 4-12 울산광역시 향후 누적 공급량 분석 사례

앞선 도표는 설명을 위해 임의로 기재한 데이터이다. 투자자라면 실제 데이터를 바탕으로 관심있는 지역이나 매물을 보유한 지역의 미래 예측 물량을 스스로 검토해야 한다. 따라서, 투자주기와 맞물리는 시기에 해당 지역의 시장 분위기가 어떻게 변화할지 예측하여 대응 전략을 구축하는 것이 필요하다.

05

전세가율
분석

매매와 전세와의 관계 그리고 전세가율

우리나라에서 보편적인 주거형태는 본인 명의의 집에 자가로 거주하는 것과 타인의 집에 전세나 월세로 거주하는 것이다. 그 중, 우리나라에서만 유일하게 볼 수 있는 제도가 바로 전세이다. 이러한 전세는 매매와 밀접한 관계로 움직인다.

집값이 하락하는 과정에서 전세 수요 증가로 전세 가격이 상승하는 분위기로 이어지면, 매매가의 하락을 방어하는 저항선의 역할을 수행한다. 반면 매매심리가 여전히 회복되지 않은 시기에 공급될 수 있는 전세물량이 감소한다면, 공급 부족이 전세가

아파트 매도의 기술

상승을 유발시키면서 점차 매매가와의 격차가 줄어든다. 그 결과, 전세 가격이 매매 가격에 거의 근접해가면 매매호가가 올라가는 분위기가 연출되면서 전세가는 매매가의 상승을 이끄는 지지선의 역할을 수행한다.

이처럼 전세제도는 우리나라 부동산 가격을 결정하는데 중요하게 작용한다. 특히 매수·매도 시기와 투자방법을 결정하는데 유의미한 정보로 활용될 수 있는 만큼, 전세가와 매매가의 관계를 나타내는 전세가율_{매매 가격 대비 전세 가격의 비율}을 살펴볼 필요가 있다.

전세가율이 알려주는 의미

⊘ 갭투자의 투자 기준으로서의 전세가율

전세가율은 갭투자의 주요 기준으로 활용된다. 매수자 입장에서는 전세가율이 높을수록 소액으로 내집 마련이 가능하고 적은 투자금으로 레버리지하여 자산을 증식할 수 있으므로 갭투자를 쉽게 할 수 있다. 반대로 전세가율이 낮을수록 매수 시 많은 투자금이 필요하여, 갭투자를 어렵게 만드는 요인으로 작용한다.

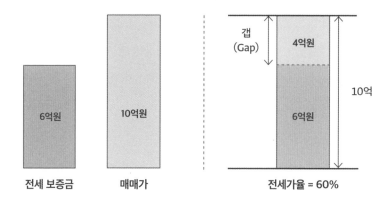

도표 4-13 매매가와 전세 가격으로 나타나는 전세가율

⊘ 투자가치 차원에서의 전세가율

전세 가격은 거주하는 아파트의 사용가치만 반영되는 반면 매매 가격은 사용가치와 더불어 미래에 발생할 수 있는 투자가치의 합으로 정의할 수 있다.

도표 4-14 전세가율 계산 공식

전세 가격과 매매 가격을 가치 측면에서 고려했을 때, 전세가율 변동에 영향을 미치는 특성을 분석한다면 중요한 의미를 파악할 수 있다. <도표 4-15>와 같이 전세가율이 높은 경우와 낮은 경우를 살펴 보자. 매수하기에는 투자가치가 떨어지는 반면 거

아파트 매도의 기술

주차원에서는 나름 만족도가 높은 아파트에서 전세가율이 높은 모습을 보인다. 반면 서울/수도권 신축 아파트와 같이 투자가치가 사용가치 대비 월등히 높거나 재건축 아파트와 같이 투자가치가 높아도 사용가치가 월등히 낮은 경우 전세가율이 낮은 모습을 보인다.

특성		상황	분석
전세가율 현황	전세가율 높음	투자가치가 낮아야함	매수하기에 매력도가 떨어지는 매물
			실거주 만족도가 높은 매물
	전세가율 낮음	투자가치가 높아야함	서울/수도권 상급지 매물
			재건축 또는 구축 매물

도표 4-15 전세가율 특성에 따른 상황과 분석 기준

전세가율 변동에 따른 개별매물 분석

각 아파트별 평균적으로 유지되는 수준의 전세가율이 존재한다. 그러한 전세가율이 변화한다면 시장의 흐름이 바뀔 수 있는 만큼 변화의 원인을 찾기 위해 노력해야 한다. 그렇다면 전세가율은 어떤 상황으로 인해 변화할까? 매매 가격과 전세 가격의 변화에 따라 전세가율이 변화하는데, <도표 4-16>과 같이 같이 총 15가지의 경우의 수가 있다. 크게 전세가율 상승/하락/유지하는 경우가 발생하며 우리가 주목해야 하는 상황은 전세가율이 상승하거나 하락할 때이다.

		전세 가격 변화				
		매매 가격 대비 강한 상승	매매 가격 대비 약한 상승	매매 가격 대비 정체	매매 가격 대비 약한 하락	매매 가격 대비 강한 하락
매매 가격 변화	상승	①-1	②-1	②-2	②-3	②-4
	정체	①-2	①-3	③	②-5	②-6
	하락	①-4	①-5	①-6	①-7	②-7

① : 전세가율 상승
② : 전세가율 하락
③ : 전세가율 유지

도표 4-16 전세 가격 및 매매가격 변화에 따른 전세가율 변동표

⊘ 전세가율이 높아지는 이유

전세가율이 높아지는 이유는 크게 다섯 가지로 구분할 수 있다. 첫째, <도표 4-17>과 같이, 매매가가 상승하는 것보다 전세가가 큰 폭으로 상승하여, 전세 가격이 매매 가격에 근접하는 경우다 (전세가 ①-1). 주로 상승기 초반에 나타나는데, 안정회복기에서부터 시작한 전세의 인기로 인해 점차 전세매물이 소진됨에 따라 전세 가격이 상승하게 된다. 아직까지 매수 심리가 확연하게 불

아파트 매도의 기술

붙지 않은 상승기 초기의 모습이지만 전세가가 매매가에 근접하면서 전세가가 매매가를 밀어올리는 시작의 단계에서 나타난다.

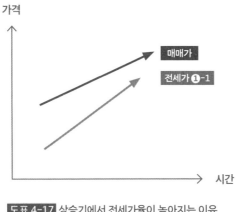

도표 4-17 상승기에서 전세가율이 높아지는 이유

둘째, <도표 4-17>과 같이, 매매가는 유지되나 전세가가 큰 폭으로 상승하거나(전세가 ①-2) 전세가가 약하게 상승하는 경우다(전세가 ①-3). 안정회복기의 진행시기에 따라 발생하는데, 아직까지 매수는 다소 꺼려지나 실거주자들의 전세 선호도 증가로 인한 전세 가격 상승으로 인해 전세가율이 높아진다. 이 시기가 지속되면 매매거래가 없는 상황임에도 전세 가격이 직전 매매 실거래가격을 넘어서는 전세거래 모습이 목격되는데, 점차 시장의 분위기를 상승으로 이끄는 신호탄으로 작용한다.

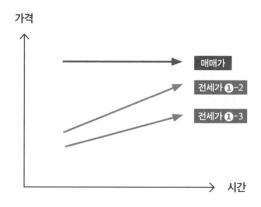

도표 4-18 안정회복기에서 전세가율이 높아지는 이유

셋째, <도표 4-19>와 같이, 매매가는 하락하나 전세 가격이 일부 상승하는 경우다(전세가 ①-5). 하락기에서는 일반적으로 매매가 하락과 더불어 전세 가격도 동시 하락하는데, 전통적으로 우수한 학군지의 신학기 입학 배정이나 방학 특강과 같은 계절적 수요가 몰리는 시기에는 시장 흐름과 상관없이 전세 가격이 상승하기도 한다. 또한 신축 아파트에 입주할 때 늘어난 전세물량으로 인해 저렴하게 입주하는 경우 계약 기간이 종료되는 시점에 주변 시세에 맞게 전세 가격이 높아짐에 따라 전세가율이 상승한다. 이 경우는 개별적 특성이 강한 만큼, 사이클 변동과는 다소 무관하다.

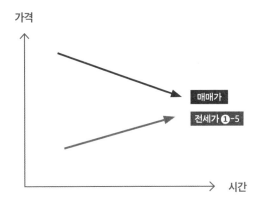

도표 4-19 하락기에서 개별적 특성에 따라 전세가율이 높아지는 경우(1)

넷째, <도표 4-20>과 같이, 매매가는 하락함에도 불구하고 전세가가 유지되는 경우다(전세가 ①-6). 먼저 재건축 아파트에서 주로 발생한다. 재건축 아파트는 부동산 침체기의 영향으로 인해 매매가는 하락하나, 실거주 차원의 전세 가격은 크게 변동세가 발생하지 않기 때문에 전세가율이 높아진다. 또한 하락기 후반부에 다다르게 되면 전세시장의 수요 증가로 인해 전세 가격부터 안정화가 시작된다. 매매가의 하락을 저지하는 역할을 수행하며 전세가율 상승에 기여한다.

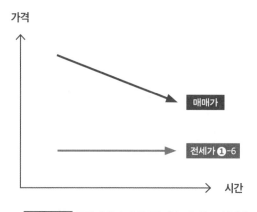

도표 4-20 하락기에서 전세가율이 높아지는 이유(1)

　다섯 번째, <도표 4-21>과 같이, 매매가격이 하락하는 폭 대비 전세 가격은 일부 하락하거나(전세가 ①-7), 전세가가 큰 폭으로 상승하는 경우다(전세가 ①-4). 하락기 후반부가 되면 매매가는 하락하는데 전세 선호로 인해 전세 가격에 먼저 안정화되어 매매가와 전세가의 차이가 줄어들면서 전세가율이 높아진다. 또한, 아파트가 주는 개별적 요인에 따라 전세 하락세가 둔화되는 경우 전세가율이 상승한다. 반면 전세가가 큰 폭으로 상승하는 경우도 존재하지만, 하락기에서 쉽게 발생하지 않는다. 현실적으로 매매가가 전세가보다 큰폭으로 하락한다면, 깡통전세전세 보증금이 매매 가격을 초과한전세와 같은 상황이 벌어지면서 전세가율이 높아진다.

아파트 매도의 기술

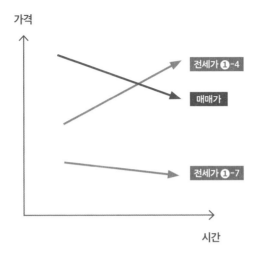

하락기에서 전세가율이 높아지는 이유(2)

⊘ 전세가율이 낮아지는 이유

반면 전세가율이 낮아지는 이유는 크게 네 가지로 구분할 수 있다. 첫째, <도표 4-22>와 같이, 상승기 중기 이후부터 폭등기까지 이어지는 지속적인 매매가 상승 대비, 전세가가 같은 비율로 상승하지 못하거나(전세가 ②-1), 더 이상 상승을 멈춘 경우 발생한다(전세가 ②-2). 부동산 시장이 추가로 상승할 수 있는 에너지가 점점 약해지는 모습으로, 매매가 추이에 따라 시장의 사이클 변화가 진행될 수 있는 시기에 주로 나타난다.

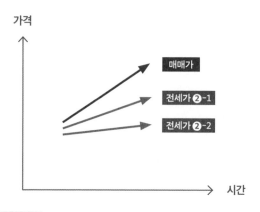

도표 4-22 상승기/폭등기에서 전세가율이 낮아지는 이유(1)

둘째, <도표 4-23>과 같이, 매매가가 상승함에도 전세가가 큰 폭(전세가 ②-3) 혹은 일부 하락하는 경우다(전세가 ②-4). 대규모 입주 물량에 따른 전세가 하락에 의해 주로 발생하는데 신도시 나 신도시 인근 지역에서 쉽게 볼 수 있다.

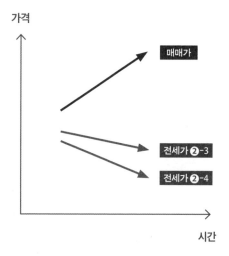

도표 4-23 상승기/폭등기에서 전세가율이 낮아지는 이유(2)

아파트 매도의 기술

셋째, <도표 4-24>와 같이, 매매가격은 유지되지만 전세 가격이 다소 하락하거나(전세가 ②-5) 대규모 하락하는 경우다(전세가 ②-6). 부동산 침체기가 찾아온 후 매매 가격 상승은 멈추고 전세 가격이 먼저 하락하는 경우의 모습으로 하락기의 전초상황이다. 또한 기존에 높은 가격으로 계약했으나 시장 흐름의 변화와 함께 재계약 시점에서 시장 분위기에 따라 전세 가격이 하락하는 경우에 벌어진다. 이미 높은 가격에 전세를 얻은 이후, 점차 조정기를 맞이하면서 전세 가격이 하락하는 것이다. 또한, 전세 가격이 큰 폭으로 하락하는 경우도 발생하는데 부동산 시장은 안정되어 있으나 신축 공급물량으로 인한 입주 폭탄이 발생하는 경우에 주로 볼 수 있다.

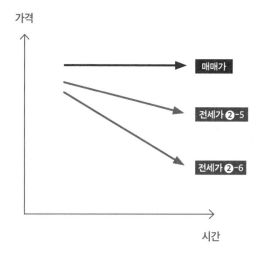

도표 4-24 침체기 혹은 안정회복기에서 전세가율이 낮아지는 이유

넷째, <도표 4-25>와 같이, 하락기에서 매매 가격보다 전세 가

격이 더 큰 폭으로 하락하는 경우다(전세가 ②-7). 하락 분위기에서 대규모 입주물량에 따른 전세 가격 하락이나 아파트 개별 매물 특성이 반영되는 상황에서 주로 발생한다.

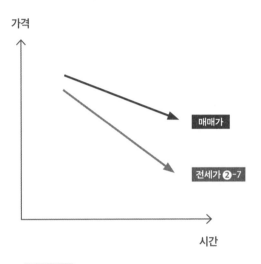

도표 4-25 하락기에서 전세가율이 낮아지는 이유

앞서 살펴본 것처럼 다양한 이유에 따라 매매 가격과 전세 가격이 변동하여 전세가율에 영향을 미친다. 심지어 앞서 살펴본 사례외에도 다양한 요소가 적용되며 전세가율의 변화를 유발시킨다. 전세가율의 변동은 시장의 흐름 파악에 중요하기 때문에 변동 원인이 사이클로 인한 이유인지 아니면 수요 공급이나 개별적 특성에서 발생하는 이유인지 파악하여 적절하게 대응해야 한다.

아파트 매도의 기술

호가 방향성과
거래 가능 매물 분석

내 부동산이 오를지, 내릴지가 가장 중요하다.

우리는 앞서 매수우위지수, 거래량, 미분양 및 수요/공급 등을
살펴보면서, 전국 사이클과 더불어 해당 지역의 흐름을 살펴보
았다. 그런데 이보다 더 중요한 것이 남아 있다. 바로 "내가 보
유한 부동산이 오를 것인가? 아니면 내릴 것인가?"에 대한 궁금
증이다. 이를 판단하기 위해서는 개별 아파트에 거주하는 사람
들의 심리가 상승 분위기인지, 하락으로 기울었는지를 아는 것
이 매우 중요하다. 아무리 상승하는 분위기더라도 사람들이 낮
은 가격에 매도하려고 한다면 가격 상승에 영향을 미치기 때문
이다. 그렇다면, 개별 아파트를 분석하기 위해서는 어떤 지표를

검토해야 할까? 이에 활용할 수 있는 지표는 크게 4가지가 있다. 실거래가, 거래량, 호가방향성, 거래매물 추이이다.

실거래가와 거래량이 주는 한계

⊘ 실거래가의 한계

실거래가는 현재 아파트가 얼마에 거래되었는지 판단할 수 있는 지표로서, 매도를 고려할 경우 매도 가격 설정의 핵심 근거로 활용된다. 그런데, 실거래가 역시 한계가 존재한다. 바로 각 거래된 매물에 따라 개별적 특성이 깊게 반영되어 있다는 점이다. 동일한 아파트 단지라고 하더라도 층, 동, 향, 인테리어 유무 등으로 인해 똑같은 물건이 존재하지 않는다. 또한 경매, 증여/상속이나 타 지역 전출, 이민과 같은 매도자의 개인적 이유와도 밀접하게 관련이 있다. 이러한 사유로 인해 <도표 4-26>과 같이 평균 매물내에서 개별적 특성이 반영되어, 특정 가격이 높거나 낮은 실거래 매물이 발생한다. 또한 실거래가 역시도 거래 후 최대 30일 뒤 확인이 가능한 만큼, 확인할 수 있는 시차의 간극 역시 존재한다. 결론적으로 가격의 기준으로 활용될 수 있지만, 개별적인 실거래가만으로는 상황을 판단하기에 다소 어려움이 존재한다.

아파트 매도의 기술

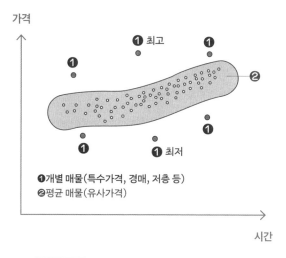

도표 4-26 개별적 특성이 깊게 반영되는 실거래가

✅ 거래량의 한계

개인별 아파트의 흐름을 측정하기 위해 거래량 지표를 활용할
수 있다. 잦은 손바뀜으로 인한 거래량의 증가는 사람들의 관심
도 증가로 인식하는 것이 가능하다. 하지만 앞선 거래량 흐름에
서도 살펴봤듯이, 거래량은 하락장과 상승장 모두 증가하거나
감소할 수 있으며, 거래량과 가격이 반드시 비례하는 것도 아니
다. 또한 부동산 거래는 법에서 정한 기준에 따라 신고는 매매계
약 이후 30일 이내 진행하면 된다. 그런데 <도표 4-27>과 같이
신고 기간별 공백 구간이 발생하여 거래량실거래가 포함이 공개되는
시점과 현재 시점 사이의 간극이 발생한다. 결과적으로 단순히
증감하는 거래량의 숫자만을 근거삼아, 개인 소유의 아파트의 가
격과 사이클 흐름을 예측하는 것이 쉽지 않다.

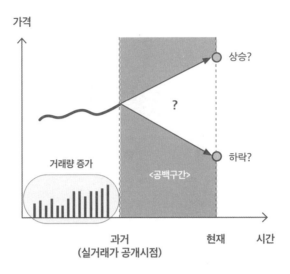

도표 4-27 거래량의 변화로 현재 가격을 예측하기 어려운 모습

호가방향성과 거래 매물 파악 방법

⊘ 호가방향성 분석

실거래가와 거래량의 주는 의미와 더불어 한계를 극복할 수 있
는 지표를 연계할 수 있다면, 개별 아파트의 분위기 파악이 훨씬
용이하다. 이에 활용할 수 있는 지표가 바로 호가방향성과 거래
매물 분석이다. 먼저 사람들의 심리 방향을 나타내는 호가방향성
을 살펴보자. 부동산에서 호가란 집주인이 받고 싶은 최대 가격
을 의미한다. 집주인 입장에서는 항상 실거래가 보다 더 비싼 가
격으로 판매되길 원하는 만큼, 일반적인 부동산 가격이나 실거래

214 아파트 매도의 기술

가보다는 높게 책정되는 것이 일반적이다. 따라서, 호가와 실거래가의 격차가 플러스상승방향로 나아가는지 아니면 마이너스하락방향로 나가는지에 따라 사람들의 심리를 읽을 수 있는 만큼, 향후 시장의 변화를 예측할 수 있다.

<도표 4-28>과 같이, 다수 거래된 매물이 1억원 대에 형성되어 있다고 가정해보자. 사람들의 일반적인 투자 심리가 작용한다면 호가는 저층이나 개인별 사정이 없는 한, 실제 거래가격보다는 높은 1.05억 원/1.1억 원 등의 매물 가격대에서 형성되어 있어야 한다. 그런데 0.95억 원/0.9억 원 등의 낮은 호가로 형성되어 있다면, 유심히 상황을 파악할 필요가 있다. 실거래가 이상으로 호가가 설정되지 않는다면 고점이라고 판단한 사람들이 수익화를 위해 탈출하는 모습일 가능성이 높은 만큼 주의해야 한다.

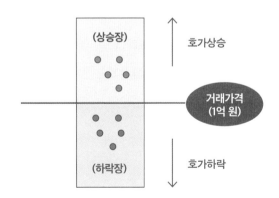

도표 4-28 시장 사이클에 따른 호가매물 형성 기준

⊘ 거래 가능 매물 분석

호가방향성과 더불어 거래 가능 매물의 흐름 역시 중요한 의미가 있다. 거래 가능 매물이란 얼마나 많은 매물이 실제로 거래할 수 있는 매물인지 확인할 수 있는 정도를 의미하는데, 부동산 사이클에 따라 매물을 회수하거나 내놓는 행동이 변화하기 때문에 자세히 살펴볼 필요가 있다.

상승기에서는 사려는 사람이 팔려는 사람보다 더 많은 것이 일반적이다. 특히 직전 실거래가와 호가와의 격차가 크지 않는 수준이라면 상승 분위기에서는 사람들이 신속하게 매수에 동참하여 거래가 빠르게 진행된다. 그로 인해, 거래 가능한 매물이 줄어드는 방향이 정상적인 흐름이다. 그런데 상승을 넘어 폭등으로 이어지면, 높은 가격으로 인해 매수세가 줄어드는 방향으로 선회한다. 반면 매도에 적극적인 의사가 없던 사람들도 혹시나 높은 가격에 매물이 팔린다면 하나둘씩 매물을 내놓기 시작한다. 따라서 폭등기에서의 거래 분위기는 감소하는 반면 매물이 점차 증가하면서 상승기 대비 거래 가능 매물이 증가하는 상황으로 이어진다.

반면 하락기에 접어든다면 매물은 어떻게 될까? 너도나도 팔고 싶은 사람이 증가하기 때문에 매도 분위기가 매수 분위기를 크게 앞지른다. 그로 인해 매도하려는 매물이 쌓이는 것이 일반

아파트 매도의 기술

적이다. 물론 선호 지역이나 신축 아파트일 경우에는 급매물이 소진되어 일시적으로 매물 감소가 발생하나, 대다수 지역은 증가하는 흐름이 지배적이다. 그 이후, 시장이 안정회복기로 진입하더라도 거래가능 매물 수량은 하락기와 큰 폭의 변화 없이 비슷한 수준일 것이다. 만약 시장의 흐름 추세를 파악한 이후, 단기간에 매물들이 소진되거나 증가하는 추세로 바뀐다면 시장의 사이클이 변화할 수 있음을 판단하고 대응하는 것이 중요하다.

안전마진 분석

매도 시 안전마진이 중요한 이유

때로는 시장의 상황이 좋은 분위기임에도 매도를 선택해야 하는 순간이 있다. 아파트에 투자한 가격 대비 효율성이 떨어지거나 잘못된 매수를 통해 돈이 묶이는 기회비용이 발생하는 경우다. 또한 아파트가 현실적으로 오를 수 있는 최대치로 올라 매도를 선택해야 하는 순간이 발생한다. 이러한 상황이 벌어진다면 사람들은 자연스럽게 매도에 대한 고민을 시작하게 된다. 하지만, 지금 타이밍이 적절한지, 매도 가격은 잘 책정했는지에 대한 결정에 어려움이 따른다. 이때 매도의 근거로 삼을 수 있는 지표가 바로 안전마진이다.

아파트 매도의 기술

안전마진이란 주식이나 재개발/재건축, 경매 등 정비 사업에서 주로 사용되는 용어로, 내가 투자하더라도 최소한 이 정도의 이익은 얻을 수 있다고 기대하는 수준을 나타내는 용어다. 다른 관점에서 안전마진을 바라본다면 가치와 가격의 차이로 사실상 가치 대비 얼마나 저렴하게 구매했는지를 의미하기도 한다. 그런데, 부동산 투자에서 안전마진이 중요한 이유는 부동산 투자에서 위험을 크게 줄일 수 있는 측면과 더불어 매도 시 가격 선정의 기준점이 될 수 있기 때문이다.

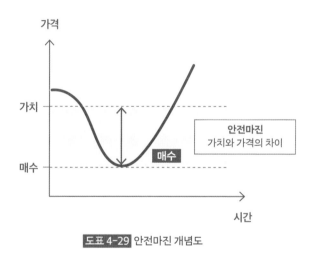

도표 4-29 안전마진 개념도

다양한 안전마진의 종류

그렇다면 부동산에서 안전마진은 어떤 종류가 있을까? 안전마진은 차액 안전마진, 비율 안전마진, 고점대비 안전마진 3가지가 존재한다.

✅ **차액 안전마진**

차액 안전마진이란 장기간 가격 흐름이 유사하던 둘 이상의 아파트를 비교했을 때 특정 시점에 아파트들 사이에 가격 차이가 벌어진 것을 의미한다. 서로 다른 아파트들이 장기간 가격대가 비슷하게 움직였다면 사람들이 생각하는 가치가 거의 비슷했다고 판단할 수 있다. 그런데, 특별한 호재나 지역의 발전과 같은 상황이 발생하지 않았다면 가격대는 큰 폭의 변동없이 지속적으로 비슷해야 한다. 그런데 특정 시기에 한 아파트에서만 갑자기 가격이 상승했다면, 아직 상승하지 않은 아파트 역시 뒤따라 오를 가능성이 충분이 있는 만큼 안전마진이 존재한다고 판단할 수 있다.

<도표 4-30>과 같이, 과거부터 부동산 흐름이 유사한 두 아파트가 최근 가격 변동에 따라 A아파트는 7억 원이고 B아파트는 5억 원이라고 가정해보자. 원래 유사한 아파트였던 만큼, 일시적으로 A아파트는 고평가가 발생한 것이며 B아파트는 2억 원의 상승 가능액인 안전마진이 존재한다고 판단할 수 있다. 물론 B아파트가 2억 원 만큼 상승하지 않을 가능성도 존재하지만, 과거 흐름으로 비추어 봤을때 현시점에서 A아파트는 고평가이며 B아파트는 저평가인 것이다. 다른 요인들을 함께 살펴봐야겠지만, 만약 A아파트를 보유하고 있다면 매도를 검토해도 나쁘지 않은

아파트 매도의 기술

상황이다. 반면 B아파트를 보유한 경우에는 추가 상승까지 기다려도 된다고 판단할 수 있는 근거가 바로 차액 안전마진이다.

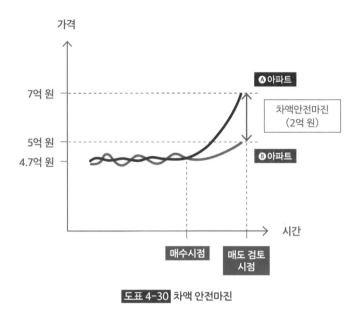

도표 4-30 차액 안전마진

⊘ 비율 안전마진

비율 안전마진이란 유사한 지역이나 유사한 급지와 같이 공통된 특성을 갖는 아파트를 비교한 결과, 특정 시점에 아파트 사이에 변동된 비율 차이를 의미한다. 즉, A아파트는 10% 오르는 반면 B아파트가 6% 올랐다면 4%포인트=10%-6% 차이만큼 안전마진이 있다고 표현할 수 있다. 일반적으로 신축 아파트나 상급지 지역의 아파트는 상승장에서 더 높은 비율로 상승하는 반면, 2급지나 구축일수록 등 상대적으로 더 낮은 비율로 상승한다. 반면, 동일단지 아파트라면 평수 간 일부 시차는 존재하겠지만 상승률은 유사하게 따라가는 것을 볼 수 있다. 이처럼 유사한 지역이나 유사한 조건을 갖는 아파트 간에 상승률을 비교한 결과, 한쪽은 높은 비율로 오른 반면 다른 한쪽은 덜 올랐다면 두 비율 차이만큼 안전마진이 있다고 판단할 수 있다.

<도표 4-31>과 같이, 동일단지에 평균 4억 원에 거래되던 20평형은 30% 상승하여 5.2억 원이 된 반면, 평균 5억 원대에 대에 거래되던 30평형은 20% 상승하여 6억 원이 되었다고 가정해보자. 일반적으로 동일단지 아파트는 사용만족도가 사실상 동일한 만큼, 일부 시차는 존재하겠지만 비슷한 비율로 상승한다. 만약 20평형을 보유하고 있다면 매도를 검토해도 나쁘지 않은 상황인 반면 30평형인 경우에는 추가 상승까지 기다려도 된다고 판단할 수 있는 기준이 바로 비율 안전마진 여부다.

평형	평균거래가 (만원)	상승가격(만원)	상승률	비고
30평형	50,000	10,000	20%	30평형은 10%p의 비율 안전마진 존재
20평형	40,000	12,000	30%	

도표 4-31 비율 안전마진

⊘ 고점 안전마진

차액 안전마진과 비율 안전마진이 매도타이밍 관점이라면 고점

아파트 매도의 기술

안전마진은 매도 타이밍과 더불어 매도 가격을 판단할 수 있는 근거가 된다. 고점 안전마진이란 과거 최대로 상승한 가격에서 현재 가격간의 차이를 의미한다. 부동산 가격은 사이클에 따라 오르막과 내리막이 있지만, 물가 반영을 고려한다면 장기적 관점에서 우상향한다. 최근 신규 아파트의 분양가가 상승하는 점역시 물가 상승으로 인한 건축비, 인건비 그리고 토지가의 상승이 반영되어 있는 것이다. 물가 상승의 특성을 고려했을 때, 부동산 가격이 최소 분양가 수준을 유지하거나 점차 상승해야 하는 상황임에도 분양가나 고점 대비 하락하였다면 차이 금액만큼을 안전마진으로 판단할 수 있다.

  <도표 4-32>와 같이, 아파트 최고 가격이 8억 원까지 기록한 아파트가 5억 원까지 하락했다고 가정해보자. 아파트 가격이 하락할 강력한 이유가 없고 물가가 상승한다는 점을 감안한다면 추후 8억 원 근처까지는 오를 수 있다고 판단할 수 있는 기준이 바로 고점 안전마진이다.

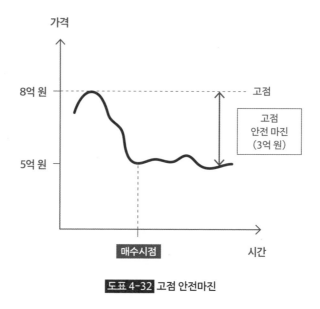

도표 4-32 고점 안전마진

안전마진을 활용한 매도 검토

안전마진은 투자세계의 냉혹함과 복잡하고 예측 불가능한 상황에서 실수의 가능성을 극복해주는 존재이다. 그래서 매수 단계부터 안전마진을 고려하여 상승 가능폭을 검토한 후 매수해야하는 이유이다. 안전마진을 확보한 투자라면 그 다음부터는 투자자의 성향과 시간과의 싸움이다. 특히 시간과의 싸움을 하는동안 부동산 가격이 오른다면 당장 처분해도 이익이 나는 상황이기 때문에 매도 시 유리한 위치에서 좋은 가격을 받을 수 있다. 만약 부동산 시세가 떨어진다면 애초에 낮은 가격으로 매입을 했기 때문에 남들보다 버틸 여력이 충분하다.

아파트 매도의 기술

안전마진을 보유한 자산을 매입했다면 안전마진이 사실상 소멸되는 시점에서 매도해야 한다. 먼저 안전마진의 폭이 감소하거나 가격이 상승하여 추가 상승이 예상되지 않을 때는 적극적으로 매도 전략을 검토해야 한다. 가격이 비슷했던 아파트 대비 내가 보유한 아파트의 가격이 큰 폭으로 상승했거나 상승률이 더 높은 수준이라면 설령 추가 상승 가능성이 존재하더라도 새로운 안전마진이 있는 물건으로 갈아타는 것이 바람직하다. 하나의 물건으로 최대의 수익을 얻기 위해 미련을 갖기보다는 적절한 시기에 매도하여 수익을 현금화시킬 필요가 있다.

반면 안전마진이 계속 유지되는 경우도 존재할 수 있다. 사이클이나 수요/공급 등 가격에 영향을 미칠 수 있는 지표를 분석한 결과, 여전히 상승의 가능성이 존재한다면 보유하는 것이 바람직하다. 하지만 만약 상황이 180도 달라졌거나 혹은 매수 당시 보지 못했던 판단 실수 등이 있었다면 안전마진이 있는 것이 아니라 잘못된 매수를 한 만큼 실수를 인정하고 매도하는 결정이 필요하다.

5장

아파트 매도 전략 2 :

모르면 손해보는 세법

아 · 파 · 트   매 · 도 · 의   기 · 술

매도의 완성은 얼마나 세금을 줄이느냐에 따라 달려있다. 최종적으로 내 손에 돈이 들어오기 전에 반드시 세금이 연관되어 있는 만큼 절세 전략을 통해 세금을 줄이는 것이 중요하다.

01

하락장에 힘이 되는
합산과세 매도 전략

양도시기에 따라 달라지는 합산과세 기준

양도소득이란 매도/교환 등의 방법으로 자산을 유상으로 양도함에 따라 발생하는 소득이다. 이 소득은 자산의 가치상승에 따라 자산소유자가 얻는 이익에 대해 과세하는데 양도소득에 부과하는 세금을 양도소득세라고 한다. 양도소득세는 과세기간이 매년 1월 1일부터 12월 31일까지이며, 만약 2건 이상 매도한 경우라면 합산과세각각 발생하는 양도소득을 모두 합산하여 부과하는 방법 제도로 운영된다.

단일과세와 합산과세는 어떻게 적용될까? 먼저 한 해에 부동산 1채만 매도한다면 단일과세가 적용되는데 이익이 발생하였다면 <도표 5-1>에서 제시된 과세표준 구간별 세율을 적용하여 세금을 납부하여야 한다. 반면, 한 해에 2채 이상을 매도한다면 합산과세가 적용되는데 매도하려는 부동산 2채가 모두 이익이 발생했다고 생각해보자. 그 중 첫 번째 물건을 매도한다면 앞서 단일과세와 동일한 방식으로 납부하면 된다. 하지만, 두 번째 물건을 매도한다면 합산과세가 적용되는데 1~2차의 양도소득의 총액을 계산한 후 기존에 납부한 1차 세금을 제외한 나머지 금액을 납부해야 한다.

과세표준금액	세율	누진공제
1,400만 원 이하	6%	-
5,000만 원 이하	15%	126만 원
8,800만 원 이하	24%	576만 원
1.5억 원 이하	35%	1,544만 원
3억 원 이하	38%	1,994만 원
5억 원 이하	40%	2,594만 원
10억 원 이하	42%	3,594만 원
10억 원 초과	45%	6,594만 원

도표 5-1 양도소득세 기본세율(23년 귀속 과세기간 기준)

양도소득세는 누진세가 적용되기 때문에 여러 채를 같은 연도에 매도하면 각각의 양도소득이 합산되는 만큼 납부할 세금이 증가한다. 5천만 원의 수익이 발생한 부동산 1채를 매도한다면 15%의 세율이 적용되지만 4천만 원의 수익이 발생한 부동산을 추가

아파트 매도의 기술

매도한다면 총 9천만 원의 수익에 대해 세금이 매겨지는 만큼 35%가 적용되기 때문이다. 따라서, 각 상황에 따라 검토하면서 어떤 방식으로 매도해야만 유리한지 살펴볼 필요가 있다.

⊘ 양도 매물의 양도시기를 조정하여 연도를 달리 할 경우

과세 대상인 2개의 부동산에 각각 1억 원의 차익이 발생했다고 가정해보자. <도표 5-2>의 (1)과 같이 2개의 부동산을 서로 다른 연도에 각각 매도한다고 생각해보자. 첫 번째 매물을 매도했을 때 발생하는 산출세액은 1억 원에 해당하는 금액인 1,956만 원 [= 3,500만 원1억 원 * 세율 35% - 1,544만 원누진공제액]으로 계산된다. 두 번째 매물을 양도한다면 첫 번째와 동일한 1,956만 원이 산출세액으로 결정되기 때문에 합산된 세금 총합인 3,912만 원을 세금으로 납부해야 한다.

(단위 : 만원)

구분	2개 회계연도에 분할하여 매도(1)		동일 연도에 매도(2)
	주택 A	주택 B	주택 A + B
양도소득	1억	1억	2억
누진공제	1,544	1,544	1,994
과세표준	3,500	3,500	7,600
세율	35%	35%	38%
양도소득세	1,956	1,956	5,606 (1,956+3,650)

도표 5-2 2채 모두 양도차액이 발생한 경우, 매도 시기에 따른 납부 세금

⊘ 같은 연도에 양도 매물을 동시에 매도한 경우

반면 <도표 5-2>의 ⑵와 같이 2개의 부동산을 같은 연도에 일괄 매도한다고 생각해보자. 첫 번째 매물을 매도했을 때 발생하는 산출세액은 1억 원에 해당하는 금액인 1,956만 원 [= 3,500만 원1억 원 * 세율 35% - 1,544만 원누진공제액]으로 앞서 계산된 납부금액과 동일하다. 그런데 두 번째 매물을 양도할 경우 양도소득세 합산과세가 적용된다. 연도를 달리하여 매도한 경우와는 달리 같은 연도에 매도한다면 총 양도차익 2억 원에 대하여 세금이 부과된다. 결국, 2억 원에 해당하는 금액인 5,606만 원 [= 7,600만 원2억 원 * 세율 38% - 1,994만 원누진공제액]이 계산되어 첫 번째 납부한 1,956만 원을 제외한 3,650만 원을 합산신고 때 추가로 납부해야 한다. 그 결과, 매도자는 같은 연도에 동시 매도하는 선택으로 인해 1,694만원의 세금이 늘어나게 된다.

두 가지 사례를 비교해 볼 때, 여러 채의 부동산이 모두 수익이 발생했다면 한 해에 여러 물건을 매도하는 것보다 여러 해에 걸쳐 파는 것이 양도소득세 절세 측면에서 유리하다. 이익은 동일하더라도 과세표준 적용 연도에 따른 누진 공제 적용 횟수 및 세율 구간이 달라지는 만큼 전체 세금이 줄어들기 때문이다. 매도는 계획하고 있으나 최소 몇 달 정도 기다릴 수 있는 시간적 여유가 존재한다면 계약서 작성 시점을 조금만 달리하여 합산과세 적용을 피해야 한다. 한 채의 매도 시점이 연말 근처라면 다른

아파트 매도의 기술

한채는 잔금 받는 시기를 조절하여 내년으로 받는 전략도 고려할 만하다. 이렇게 하면 각각의 양도소득세를 따로 적용받아 절세하는 것이 가능하기 때문이다.

합산과세를 역이용한 양도소득세 절세 방법

투자한 모든 부동산이 수익이 나면 좋겠지만 현실적으로 투자매물이나 투자시기에 따라 수익이 발생한 부동산과 손실이 난 부동산이 공존할 수 있다. 특히 하락장에는 가치 하락으로 인해 손실이 발생할 가능성이 높아진다. 수익과 손실이 각각 발생한 매물을 매도할 계획이 있다면 합산과세를 역이용하는 전략이 필요하다.

⊘ 양도 매물의 양도시기를 조정하여 연도를 달리 할 경우

부동산 2채를 보유하고 있으나 한 채는 양도차익이 1억 원이고 다른 한 채는 양도차손이 1억 원이 발생했다고 가정해보자. <도표 5-3>의 (1)과 같이 2개의 매물을 각기 다른 연도에 하나씩 매도한다면 첫 번째 매물을 매도했을 때 발생하는 산출세액은 1억 원에 해당하는 1,956만 원 [= 3,500만 원1억 원 * 세율 35% - 1,544만 원누진공제액]으로 계산된다. 반면 두 번째 매물은 양도차손이 발생하였기 때문에 납부해야 할 양도소득세가 없다. 결국, 다른 연도에 걸쳐 매도한다면 총 2,010만 원을 납부해야 한다.

⊘ 같은 연도에 양도 매물을 동시에 매도한 경우

반면 <도표 5-3>의 ⑵와 같이 2개의 부동산을 같은 연도에 일괄 매도한다고 생각해보자. 이 경우에는 양도차익과 양도차손이 합산되어 순수익은 0원양도차익 1억 원 + 양도차손 1억 원 = 순수익 0원이다. 그 결과, 납부해야 할 양도소득세가 발생하지 않는다. 오히려, 같은 연도에 걸쳐 매도함에 따라 1,956만 원의 절약이 가능하다.

(단위 : 만원)

구분	2개 회계연도에 분할하여 매도(1)		동일 연도에 매도(2)
	주택 A	주택 B	주택 A + B
양도소득	1억	-1억	0
누진공제	1,544	-	-
과세표준	3,500	-	-
세율	35%	-	-
양도소득세	1,956	0	0

도표 5-3 양도차액과 양도차손이 발생한 경우, 매도 시기에 따른 납부 세금

결론적으로 이익이 난 부분과 손실이 난 부분을 같이 매도하여 이익과 손실을 상계하면 세금을 낼 양도차익을 줄이거나 없애는 효과를 볼 수 있으므로 반드시 동일 연도에 함께 파는 것이 세금적으로 유리하다.

아파트 매도의 기술

합산과세 전략시 주의사항

합산과세에서도 주의사항이 있다. 첫째, 비과세되는 부동산은 합산과세에 적용되지 않는다는 점이다. 양도차익이나 양도차손이 발생한 부동산과 함께 비과세 부동산을 소유하는 경우도 있을 것이다. 그런데, 비과세 적용을 받는 부동산은 다른 과세 대상 부동산에 영향을 주지 않는다는 사실을 명심해야 한다. 그래서, 합산과세를 역이용하겠다는 잘못된 판단으로 손해 상황이지만 굳이 매도할 이유가 없는 부동산을 비과세 매물과 같이 매도하는 우를 범할 필요는 없다.

둘째, 합산과세 대상으로 같이 묶일 수 있는 자산인지의 여부 역시 확인해야 한다. 합산과세 대상은 ①토지, 건물 및 부동산에 관한 권리_{토지, 건물, 부동산 취득 권리, 지상권, 전세권과 등기된 부동산 임차권, 사업용 고정자산과 함께 양도하는 영업권, 이용권, 회원권} ②주식 ③파생상품으로 나뉜다. 혹여나 과거 잘못된 매수로 인해 손해를 보고 있는 매물을 차익이 발생한 부동산과 동시에 매도한다면 절세 측면에서 유리할 수 있다.

셋째, 양도차익과 차손은 개인별로 적용한다. 남편 명의로 된 부동산은 이익을 본 반면 부인 명의의 부동산이 손해를 봤더라도 합산하는 것이 불가능하다. 양도소득세 계산은 부부간이라도 개인별로 부과한다는 점을 기억해야 한다.

1가구 1주택
비과세 매도 전략

1가구 1주택 비과세 혜택과 고가주택

1가구를 보유한 사람들에게 정부가 주는 혜택이 존재한다. 바로 1가구 1주택 비과세 제도이다. 이 제도는 2년 이상 보유한 1가구 1주택에 대하여 일부 지분을 매각하더라도 양도소득세 납부 대상에서 제외하는 방식으로 적용된다. 이 제도가 도입된 이유는 거래 활성화를 통해 건전한 부동산 시장을 만들기 위해서다. 만약 주거목적으로 집 1채 보유한 사람이 양도차익 발생분에 대하여 세금을 납부한다면, 새집으로 이사할 때 세금 납부금 만큼의 별도 비용이 필요할 것이다. 1가구 1주택 비과세 정책이 없다면 주거 이동에 대한 갈망이 사라짐과 동시에 부동산 거래 감소로 이어 질 수 있는 만큼 이를 방지하기 위해 만들어진 제도가 1가구 1주택 비과세 제도인 것이다.

이러한 1가구 1주택 비과세 혜택을 적용받으려면 원칙적으로 주택을 취득한 후 2년 이상 보유_{지역에 따라 취득 당시 2년 거주 요건도 충족} 해야 한다. 또한, 2년 이상 보유하더라도 양도소득세 전액을 면제받기 위해서는 고가주택에 해당하지 않아야 한다. 고가주택이란 주택의 실지거래가액_{매수자와 매도자간에 실제로 거래된 금액}이 12억 원을 초과하는 주택을 말한다. 물론 최근에는 수십억 원에 달하는 아파트를 주변에서 쉽게 볼 수 있다보니 12억 원을 고가주택으로 표현하기에는 다소 무리가 있을 수 있으나, 세법상에서는 12억 원 이상의 아파트를 고가주택이라고 규정하고 있다. 1가구 1주택에 속하는 부동산이 고가주택에 해당된다면 양도소득세는 12억 원까지는 비과세 적용을 받는 반면 12억 원을 초과하는 금액에 대해서 양도소득세가 부과된다. <도표 5-4>와 같이, 실지거래가액이 15억 원인 부동산을 매도한다면 12억 원을 초과하는 3억 원 구간에 대해서 세금을 납부해야 한다.

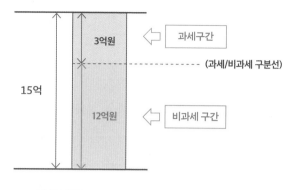

도표 5-4 고가주택에 대한 과세/비과세 기준

　그렇다면, 매도가격이 12억 원을 초과한다면 양도소득세 계산은 어떻게 이루어질까? 해당 방법은 <도표 5-5>의 공식을 적용할 수 있다.

도표 5-5 고가주택 해당자산의 양도차익 계산공식

　1가구 1주택 비과세가 적용되는 아파트를 5억 원에 매수하여 3년 미만 보유 후 15억 원에 매도하였으며, 필요경비는 3천만 원으로 가정해보자. 양도차익은 양도가액 15억 원에서 취득가액 5억 원 및 필요경비 3천만 원을 제외한 9.7억 원이다. 이를 바탕으로 <도표 5-6>과 같이 계산하면 약 5,283만 원의 세금을 납부해야 한다.

아파트 매도의 기술

항목	금액(단위 : 원)	비고
① 양도가액	1,500,000,000	양도일자 : 2023년 8월
② 취득가액	500,000,000	취득일자 : 2021년 1월
③ 필요경비	30,000,000	인테리어 및 부동산 수수료 등
④ 전체 양도차익	970,000,000	④ = ① - ② - ③
⑤ 과세 양도차익 (고가주택 양도차익)	194,000,000	⑤ = 9.7억(④) × [15억(①) - 12억]/15억(①)
⑥ 장기보유특별공제	-	3년 미만 보유·거주
⑦ 양도소득금액	194,000,000	⑦ = ⑤
⑧ 양도소득기본공제	2,500,000	연1회 양도차익에 대해, 250만 원 공제
⑨ 과세표준	191,500,000	⑨ = ⑦ - ⑧
⑩ 세율	38%	15,000만 원 초과 30,000만 원 이하 세율적용
⑪ 과세표준 적용세액	72,770,000	⑪ = ⑨ × ⑩
⑫ 누진공제	19,940,000	15,000만 원 초과 30,000만 원 이하 누진공제액
⑬ 최종 납부세액	52,830,000	

도표 5-6 고가주택 해당자산의 양도소득세 계산사례

추가 절세를 위한 또 다른 혜택, 장기보유특별공제

정부는 3년 이상 장기간 보유한 부동산에 대하여 세금을 할인해 주는 제도를 운영한다. 바로 장기보유특별공제 제도이다. 일명 집을 오래 가지고 있다가 팔면 세금을 감면해주는 제도로, 보유 및 거주 기간이 길면 길수록 더욱 높은 공제율을 적용하여 최대 80%까지 세금감면 혜택이 주어진다. 이는 부동산을 취득하여 장기간 보유한 것이 실질적 이익이 아닌 물가상승분에 따른 양도차익이 반영될 수 있는 만큼, 이를 줄여주는 장치로 활용되기 위하여 장기보유특별공제 제도가 운영되는 것이다.

이 제도를 적용하면 고가주택에 대해서도 양도소득세 혜택이 주어진다. 단, 혜택을 받기 위해서는 우선 보유기간이 3년 이상이고 거주기간 역시 2년 이상 되어야 한다. 또한, 양도하는 모든 자산이 장기보유특별공제 혜택의 대상이 아니라 토지, 건물, 조합원입주권만 해당된다.

<도표 5-7>은 2021년 개정된 장기보유특별공제율이다. 이 공제율에 따르면 보유기간과 거주기간에 따라 각각 4%씩 공제하도록 규정한다. 또한, 보유기간처음 취득 한 날부터 실제 보유한 기간과 거주기간취득일 이후 실제 거주한 기간을 별도로 분리하여 계산한다. 예를 들면, 보유기간이 5년이고 거주기간이 3년인 아파트를 소유하고 있다면 두 교차점이 만나는 32%가 장기보유특별공제 적용을 받을 수 있는 세율이다.

아파트 매도의 기술

(단위 : %)

거주기간(년)	보유기간(년)							
	3년 이상	4~	5~	6~	7~	8~	9~	10~
2년 이상	20	24	28	32	36	40	44	48
3~	24	28	32	36	40	44	48	52
4~		32	36	40	44	48	52	56
5~			40	44	48	52	56	60
6~				48	52	56	60	64
7~					56	60	64	68
8~						64	68	72
9~							72	76
10~								80

도표 5-7 장기보유특별공제율(21. 1. 1. 시행 기준)

예를 들면 2015년 1월에 취득한 1주택을 2023년 8월에 양도 하였다고 가정해보자. 취득가액은 5억 원이고, 양도가액은 15억 원이며, 필요경비는 3천만 원이고 보유/거주기간은 8년임을 감 안하여 계산하면 <도표 5-8>과 같이 약 1,040만 원의 세금을 납 부해야 한다. 앞서 <도표 5-6>과 같이 장기보유특별공제를 적용 받지 못했을 경우와 비교하면 오래 거주했다는 이유로 약 4,243 만 원의 세금이 줄어들게 된다. 이것이 바로 장기보유특별공제 가 주는 혜택이다.

항목	금액(단위 : 원)	비고
① 양도가액	1,500,000,000	양도일자 : 2023년 8월
② 취득가액	500,000,000	취득일자 : 2015년 1월
③ 필요경비	30,000,000	인테리어 및 부동산 수수료 등
④ 전체 양도차익	970,000,000	④ = ① − ② − ③
⑤ 과세 양도차익 (고가주택 양도차익)	194,000,000	⑤ = 9.7억(④) × [15억(①) − 12억]/15억(①)
⑥ 장기보유특별공제	124,160,000	⑥ = ⑤ × 0.64 (64% 적용, 8년 이상 보유·거주)
⑦ 양도소득금액	69,840,000	⑦ = ⑥ − ⑤
⑧ 양도소득기본공제	2,500,000	연1회 양도차익에 대해, 250만 원 공제
⑨ 과세표준	67,340,000	⑨ = ⑦ − ⑧
⑩ 세율	24%	5,000만 원 초과 8,800만 원 이하 세율적용
⑪ 과세표준 적용세액	16,161,600	⑪ = ⑨ × ⑩
⑫ 누진공제	5,760,000	5,000만 원 초과 8,800만 원 이하 누진공제액
⑬ 최종 납부세액	10,401,600	

도표 5-8 고가주택 해당 자산의 양도소득세 계산 사례

아파트 매도의 기술

일시적 1가구 2주택을 활용한 매도 전략

일시적 1가구 2주택이 주는 혜택과 자격 요건

우리나라는 다주택자에 대한 과세를 분명히 진행하는 나라이다. 일반적으로 다주택자는 주택을 2건 이상 가진 소유자를 의미하는데, 정부는 다주택자를 대상으로 다양한 규제 정책을 실시한다. 특히, 세금 중과를 실시하거나 대출이나 청약을 제한하는 모습으로 규제한다. 이러한 정책은 주거공간의 안정화에 저해를 가져올 수 있는 만큼, 무분별한 투자로 인한 주거 공간의 부족을 막기 위한 이유가 있다. 그 결과, 정부는 실거주 목적에 적용하는 1가구 1주택자에게 비과세 혜택을 제공하는 것과는 달리 수익을 위해 투자하는 다주택자에게 높은 세금을 부과한다.

그런데 살다보면 투자를 목적으로 자발적 다주택자가 되는 경우도 존재하지만 부득이하게 한시적으로 다주택자 즉, 일시적으로 1가구 2주택이 되는 경우가 발생한다. 새로운 부동산을 계약하고 기존 부동산을 매도하는 단계에서 이사 직전까지 원래 거주하던 부동산이 거래되지 않는다면 비자발적으로 1가구 2주택자가 되는 것이다. 그런데 이러한 상황까지 다주택자로 치부하여 과세를 적용한다면 다소 억울한 상황이 빈번하게 발생할 수 있다. 이러한 상황에 대해 예외를 두고자 정부는 일시적 1가구 2주택 제도를 운영한다.

일시적 1가구 2주택 특례 제도는 1가구 1주택자가 이사 등을 위해 신규주택을 취득해 일시적으로 1가구 2주택이 된 경우, 종전 주택을 처분 기한 내 양도하면 양도소득세·취득세·종부세 관련 1가구 1주택 혜택을 주는 제도다. 이 제도를 근거로 양도소득세의 경우에는 1가구 1주택 비과세 혜택이나 장기보유특별공제가 적용되며, 종합부동산세는 12억 원까지 기본공제가 제공되거나 고령자 장기보유 세액공제와 같은 혜택 역시 적용된다. 이 제도를 적용받기 위해서는 반드시 다음 3가지 조건을 충족해야 한다.

① 종전 주택 취득일부터 1년 이상 경과한 뒤 신규 주택을 취득해야 한다.
② 종전 주택은 2년 이상 보유/거주_{거주 요건은 취득 시 조정대상지역에 소재}

아파트 매도의 기술

한 주택에 한함**해야 한다. 단, 종전 주택을 취득할 당시 조정대상**
지역이었으나 매도할 당시에는 조정대상지역에서 해제가
되었더라도 이와 무관하게 취득 시점을 기준으로 2년 거주
요건을 만족해야 한다.

③ 신규 주택 취득 후 3년 이내에 종전 주택을 양도해야 한다.

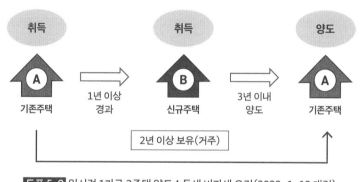

도표 5-9 일시적 1가구 2주택 양도소득세 비과세 요건(2023. 1. 12 개정)

<도표 5-9>는 일시적 1가구 2주택의 일반적인 모습이다. 실생
활에서는 일시적 1가구 2주택 사례가 다양하게 나타나는 만큼,
개인이 처한 상황을 고려하여 매도 시 유리한 전략을 구축해야
한다.

혼인으로 인한 일시적 1가구 2주택 전략

혼인이란 두 성인이 사회가 인정하는 절차에 따라 부부가 되는 행위로, 우리 삶에 있어 매우 중요한 과정이다. 살다 보면 각자 1주택을 보유하는 사람끼리 혼인을 하는 경우가 발생할 수 있다. 참고로 세법상 말하는 혼인이란 보편적 결혼식이 아닌 '가족관계의 등록 등에 관한 법률'에 따라 혼인 신고한 날을 의미하는데, 혼인으로 인해 발생할 수 있는 이 상황에도 일시적 1가구 2주택 혜택이 적용된다.

혼인으로 인한 혜택은 일반 주택구매로 얻는 혜택보다 2년이란 시간이 추가로 주어진다. 일반적인 일시적 1가구 2주택인 경우에는 3년 이내에 기존 주택을 매도해야 하지만, 혼인의 경우에는 5년 이내에 둘 중 어느 주택을 매도해도 혜택이 주어진다. 즉, 혼인을 특수사항으로 인정하고 사실상 5년간 별도 세대로 간주하는 것이다. 그 결과 혼인 후 5년 내 먼저 양도하는 주택에 대해서 비과세가 적용된다.

<도표 5-10>과 같이, 예비 남편은 2019년 3월에 취득하고 예비 아내는 2020년 6월 분양권아파트을 취득하였다고 생각해보자. 두 사람은 2022년 10월 결혼하였으며, 신규 입주할 아파트가 완공되는 시점 이후 기존 보유한 아파트 중 하나를 매도하려고 한

아파트 매도의 기술

다면, 어느 주택이든 관계없이 먼저 매도하는 주택에 대한 비과세 적용이 가능하다.

예비남편 취득   예비아내 취득   혼인   (22년 10월)   둘중 어느것도
(19년 3월)   (20년 6월)   양도 가능

도표 5-10 혼인으로 인한 일시적 1가구 2주택 비과세 혜택 모습

상속으로 인한 일시적 1가구 2주택 전략

우리의 인생에 주어진 시간은 유한하다. 그로 인해, 갑작스러운 가족과의 이별로 인해 1가구 1주택자로 살아오던 사람에게 상속으로 인한 일시적 1가구 2주택이 되는 경우도 존재한다. 부득이하게 다주택자가 된 만큼 양도소득세 비과세 혜택이 사라지지 않게 하는 제도가 바로 상속 주택으로 인한 1가구 2주택 비과세 제도이다. 상속으로 인한 일시적 1가구 2주택 혜택이 적용될 수 있는 기한 역시 혼인과 동일한 5년이나, 상속의 경우에는 매도 순서에 따라 비과세 적용유무가 달라지는 만큼 주의해야 한다.

⊘ 상속받은 자녀가 본인이 가지고 있던 집을 먼저 파는 경우

<도표 5-11>과 같이 자녀가 본인의 주택을 2018년 9월에 취득

하고 2021년 상속으로 주택을 물려받았다고 생각해보자. 이 경우, 상속받는 자녀는 2주택이지만, 상속받은 주택은 본인의 의사로 구매한 주택이 아니기 때문에 없는 것으로 간주한다. 그래서, 기존에 보유한 주택을 상속 후 5년 이내에 매도하면 비과세 혜택을 적용 받을 수 있다. 기존 보유주택을 매도 이후 상속주택을 2년 이상 보유한 후 1가구 1주택 비과세 혜택 조건을 만족한다면 이 또한 비과세 혜택을 얻을 수 있다.

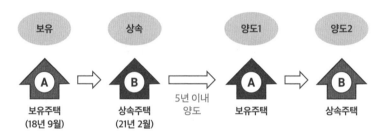

도표 5-11 상속주택보다 기존보유주택을 먼저 매도할 경우, 비과세 혜택 적용 모습

⊘ 상속받은 자녀가 상속 주택을 먼저 파는 경우

상속을 통해 새로운 집을 물려받게 되더라도 현재 보유하고 있는 집보다 월등히 매력적이지 않다면, 대부분의 사람들은 기존에 보유한 주택에서 거주하길 원하는 마음이 클 가능성이 높다. 그래서 현재 보유한 집보다는 상속받은 집을 먼저 매도하려는 생각을 할 수 있다. 만약, 상속받은 주택을 먼저 매도한다면 2주택자가 집을 파는 것으로 간주한다. 그 결과 상속주택은 보유기

아파트 매도의 기술

간에 따른 일반과세가 적용되는 만큼, 납부해야 할 양도소득세가 발생할 수 있다.

단, 상속주택을 받는 것은 자발적인 선택이 아니기 때문에 상속개시일_{피상속인이 사망한} 날로부터 5년 내 매도 시에는 다주택자 중과세를 적용하지 않는다. 대신에 상속주택은 일반세율로 과세하는데, 상속이라는 불가피한 취득 경위를 감안하여 인정되는 세법상의 배려이다. 그러나 5년 이후 기존 상속받은 주택을 매도하는 경우에는 해당시점에 다주택자의 양도소득세 정책과 연계되어 중과될 가능성도 높은 만큼 매도 시기를 현명하게 결정하고 매도 순서 역시 절세할 수 있는 선택이 필요하다.

✅ 다주택을 상속받은 경우

부모님이 기존에 다주택자로 인해, 한사람이 2채 이상의 주택을 상속받는 경우가 발생한다. 만약 잘못된 순서대로 매도한다면 세금 문제에 봉착할 수 있는 만큼, 반드시 순서에 맞게 매도해야 한다.

<도표 5-12>와 같이 기존에 자신이 보유한 A주택과 더불어 B주택_{부모님 보유기간 7년}과 C주택_{부모님 보유기간 10년} 총 2채의 주택을 상속받았다고 생각해보자.

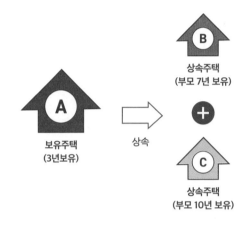

도표 5-12 다주택을 상속받는 경우

세법상 상속받은 주택이 여러 채라면 그중 1채만 상속 주택으로 인정되고, 나머지 상속 받은 주택은 일반 주택으로 분류된다. 물려받은 여러 채 중에 상속 주택으로 인정받는 기준은 <도표 5-13>과 같이, '보유기간 - 거주기간 - 사망시점 거주 - 큰 기준시가' 순서로 결정된다.

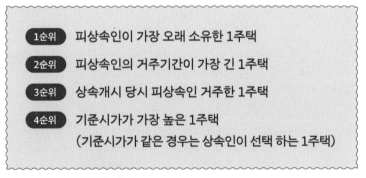

도표 5-13 다주택 상속 시 상속 주택 판단 기준

아파트 매도의 기술

앞선 상속 주택 판단 기준에 따라 상속받은 B주택은 보유기간이 7년이고 C주택은 보유기간이 10년임을 감안했을 때, 상속 주택으로 인정받을 수 있는 것은 <도표 5-13>의 1순위가 적용된 C주택이다. 따라서, 상속주택 특례로 적용받지 못하고 일반과세로 적용받는 B주택을 먼저 매도해야 한다. 그 이후, 일반적인 상속주택 매도 절차에 따라 기존 보유한 A 주택을 매도하여 양도소득세 비과세 혜택을 받고 물려받은 B 주택을 상속 비과세 혜택기간5년 이내 내에 매도한다면 최적의 절세효과를 얻을 수 있다.

도표 5-14 다주택을 상속받을 경우의 매도 전략

⊘ 지분을 상속받는 경우

형제나 자매가 있는 경우 흔하게 발생되는 사례가 바로 지분으로 상속되는 경우인데 여러 명이 함께 지분으로 상속을 받는 주택을 공동상속주택이라고 한다. 그런데 상속 지분에 따라 공동상속주택이 주택 수에 포함되는지 결정되는데, <도표 5-15>와 같이 '지분크기 - 거주여부 - 최연장자' 순서로 상속주택의 소유여부가 달라진다.

1순위　상속 지분이 가장 큰 상속인

2순위　(지분이 같을 경우) 상속 주택에 거주하는 상속인

3순위　(거주하지 않고 여러 명인 경우) 최연장자

도표 5-15 공동상속주택 시 주택의 소유 판단 기준

　일반적으로 자녀가 여러명이라면 동일한 지분으로 상속하는 경우가 대부분인데 형과 동생에게 각각 5:5의 지분으로 주택이 상속되었다고 생각해보자. 기존에 형과 동생 모두 보유한 주택이 있다면 <도표 5-15>의 3순위에 해당하는 최연장자인 형이 공동상속주택 소유자로 인정된다. 그 결과, 형은 지분을 상속받았더라도 1채를 받은 것으로 인정되어 기존 보유 주택을 5년 내에 매도해야만 비과세 혜택을 받을 수 있다.

　반면 동생은 지분은 있지만 주택 수는 없는 것으로 간주된다. 그래서 기존에 보유하던 주택의 비과세 요건을 갖추기 위해 5년 이내에 기존 주택을 매도하지 않아도 된다. 물론 상속주택을 먼저 양도하면 과세대상이지만 동생의 지분은 양도소득세 중과가 배제되어 일반세율로 과세된다. 추가적으로 상속개시일 당시 보유하고 있던 일반 주택이 아니더라도 상속 후 매수한 주택에도 1가구 1주택 비과세 요건을 갖추었다면 비과세 혜택을 받을 수 있다.

아파트 매도의 기술

04

특수 관계인을
활용한 매도 전략

증여보다 유리한 특수관계인 매도

부동산 사이클이 하락장에 진입하게 되면 공인중개사를 통한 거래가 아닌 매수자와 매도자가 직접 거래하는 직거래 방식의 비중이 증가한다. 그런데, 직거래 금액을 유심히 살펴보면 급매라고 판단하기에도 낮은 금액으로 거래되는 모습을 쉽게 찾아볼 수 있다. 이러한 경우의 대다수는 특수관계인본인과 친족관계에 있는 사람으로 4촌 이내의 혈족 배우자, 자식 등이 포함됨 간의 거래일 가능성이 높은데 주로 자산이 많은 부모들이 시세가 바닥이라고 생각한 시점에 증여보다 유리한 매도를 통해 절세하려고 노력한다.

그렇다면, 여유있는 사람들은 왜 증여를 선택하지 않고 저렴하게 판매하는 '저가양수도' 전략을 활용할까? 이러한 선택을 하는 주요한 이유는 현행 세법상 특수관계인끼리 집을 사고팔면 시세의 30% 또는 최대 3억 원 중 적은 금액에 매도해도 정상거래로 인정하기 때문이다.

저가 양수도 방법 대신 증여를 선택하게 되면, 증여세 세율은 <도표 5-16>과 같이 1억 원 이하는 10%, 5억 원 이하는 20%, 10억 원 이하는 30%, 30억 원 이하는 40%, 30억 원 초과는 50%의 세율이 부과된다. 물론 과세표준의 범위에 따라 공제되는 누진공제액이 존재하고 증여자 관계에 따라 추가공제액배우자 6억 원, 자식 5천만 원 등역시 존재하지만, 증여금액이 클수록 증여세 부담도 올라간다.

과세표준	세율	누진공제
1억 원 이하	10%	–
5억 원 이하	20%	1천만 원
10억 원 이하	30%	6천만 원
30억 원 이하	40%	1억 6천만 원
30억 원 초과	50%	4억 6천만 원

도표 5-16 증여세 기본세율(23. 1 시행 기준)

증여 대신 저가 양수도 전략을 활용한다면, 현재 시가가 10억 원인 아파트를 자식에게 3억 원을 할인하여 7억 원에 매도하더

아파트 매도의 기술

라도 정상거래로 인정되어 증여세가 발생하지 않는다. 반면, 3억 원을 자식에게 증여한다면 자식간 공제액 5천만 원과 누진공제 1천만 원을 제외하더라도 2.4억 원에 해당하는 20%의 세율이 적용되어 최종 4,800만 원을 증여세로 납부해야 한다. 따라서 세법을 조금만 아는 사람이라면, 저가 양수도 전략을 무조건 선택해야 하는 이유이다.

저가 증여의 황금기, 하락장에서 필요한 저가양수도

상승장보다 하락장에서 특수관계인 매도가 활발하게 이뤄지는데, 왜 하락장에서 더 많이 일어날까? 바로 시가라고 불리는 시가인정액이 하락하기 때문이다. 시가인정액이란 매수 전 6개월부터 매수 후 3개월 이내에 거래되는 실거래 가격을 말한다. 그런데, 하락장에서는 상승장 대비 실거래 가격이 하락하는 만큼 떨어진 가격을 기준 시세로 설정한 후 그 가격에서 3억 원 혹은 30% 낮춰 매도해도 증여세가 발생하지 않는다. 사실상 저가 증여 수단인 것이다.

<도표 5-17>과 같이, 매도시기상승장과 하락장에 따라 달라지는 매도가능 금액을 살펴보자. 상승장에서 시가가 10억 원인 집을 부모가 자녀에게 저가양도를 한다면 3억 원이 할인된 7억 원까지

매도해도 된다A사례. 반면, 상승장에서 10억 원이었던 집이 하락하여 8억 원에 시가가 형성된다고 생각해보자. 30%와 3억 원 중 낮은 기준이 적용되어 8억 원의 30%인 2.4억 원이 양수 가능 범위에 해당되어 결론적으로 5.6억 원에 매도해도 된다B사례. 동일한 아파트 임에도 시기에 따라 부모가 자식에게 저렴한 가격으로 매도할 수 있는 절호의 기회가 바로 하락장인 것이다.

	상승장(A)	하락장(B)
① 시가	10억	8억
② 저가 양수 범위 (시가의 30% 또는 3억 원 중 적은 범위)	3억	2.4억
③ 매도가액	7억	5.6억

도표 5-17 매도시기에 따른 매도가능 금액 차이

<도표 5-18>과 같이 하락장에서 5.6억 원까지 세금없이 매도가 가능하나, 부모가 1억 원을 추가로 증여하여 최종 4.6억 원에 거래한다고 생각해보자. 이 경우에는 1억 원에 대한 증여세를 납부하면 되는데, 증여재산공제 및 신고세액공제를 적용 받는다면 증여세로 485만 원을 납부해야 한다. 설령 자식이 증여세를 납부하더라도 자식이 부모로부터 시가 8억 원인 부동산을 매수한다면, 자식 수중에 약 4.7억 원= 매수가 4.6억 원 + 증여세 485만원만 있어도 8억 원 가치의 집주인이 될 수 있다.

	하락장 (증여 포함시)	비고
① 시가	8억 원	
② 저가 양수 범위	2.4억 원	과세 인정 최대금액 (시가의 30%)
③ 증여재산가액	1억 원	증여금
④ 매도가액	4.6억 원	④ = ① - ② - ③
⑤ 증여재산공제	5천만 원	20세 이상, 10년 이내 증여 없다고 가정
⑥ 과세표준	5천만 원	⑥ = ③ - ⑤
⑦ 산출세액	5백만 원	⑦ = ⑥ × 0.1 (1억 원 이하 증여세 10%)
⑧ 신고세액공제	15만 원	⑧ = ⑦ × 0.03 (증여 후 3개월 이내 신고 할 경우, 3%)
⑨ 납부세액	485만 원	⑨ = ⑦ - ⑧

도표 5-18 증여를 포함한 하락장에서의 매도시 매도 금액 및 증여세

특수관계인 매도는 주의해야 한다

특수관계인 간 부동산 거래는 세무당국의 관리대상이 되는 만큼 몇가지 사항을 주의해야 한다. 첫째, 부당행위를 하지 말아야 한다. 세법상 특수관계에 있는 사람들 간에 자산을 거래할 때는 저가 양수도 인정 범위_{시가 대비 3억 원 또는 시가의 5% 중 적은 금액}보다 더 저렴하게 매도하고 증여세 신고를 누락한다면 부당행위로 인정될 수

있다. 따라서 이 범위보다 더 저렴한 가격에 매도한다면, 해당 매매를 부당하게 세금을 줄인 것으로 인정하여 양도가액을 거래한 금액이 아닌 시가로 다시 계산하여 세금을 부과할 수 있다. 따라서 초과범위에 한해서는 정확한 증여절차를 거쳐 세금 절차까지 깔끔히 마무리하여 정상 행위임을 입증하는 것이 중요하다.

둘째, 갑작스런 세무조사를 대비하여 정확한 증빙자료를 준비해야 한다. 특수 관계인 간 거래를 하더라도 일반 계약과 동일하게 표준계약서를 작성해 둘 뿐만 아니라 금액 송금 이력 등을 남겨 놓아야 한다. 또한 부모-자녀간 거래임에도 부모나 그 외 가족들에게 돈을 빌려 매매자금으로 활용했다면, 차용증과 더불어 매월 4.6%의 적정 이자율을 지급하는 등 관련 증거를 남겨 정상 거래임을 증명하는 것이 중요하다.

아파트 매도의 기술

05

매도 날짜를
활용한 매도 전략

'6월 1일'이 매도 시 중요한 이유

세금이란 국가나 지방자치단체가 필요한 경비로 사용하기 위하여, 법률에 근거하여 국민으로부터 강제로 거두는 금전 또는 재화를 말한다. 국가를 유지하기 위해서는 반드시 필요한 존재가 세금인 것이다. 특히 부동산을 보유하는 경우에도 세금을 납부해야 하는데, 납부해야 할 보유세는 재산세와 종합부동산세로 구성된다. 그런데, 보유세는 매도 시점에 따라 납부 대상이 달라지는 만큼, 반드시 특정 날짜를 기억해야 한다. 바로 6월 1일이다. 6월 1일은 정부에서 세금을 매기기 위한 과세기준일이다. 즉, 1년 중에 얼마나 많은 기간 동안 소유했는지 여부는 중요하지 않고 이

날짜 기준으로 부동산을 보유하고 있는 사람이 보유세 납세자가 되어 납세 고지서를 받는 것이다.

이 날짜는 매도측면에서 매우 중요하다. 잔금청산을 언제 하느냐에 따라 1년분의 재산세 납세자가 결정되기 때문이다. <도표 5-19>와 같이 5월 31일까지 소유한 후 6월 1일 부동산 소유권을 매수자에게 넘어간다면, 기존의 집주인은 재산세 과세대상에서 벗어날 수 있고 새 집주인이 보유세를 내야한다. 반대로 6월 1일까지 보유하다가 6월 2일 소유권을 이전하면, 다음 연도 보유세는 기존 집주인이 납부해야 한다. 결론적으로 매도할 때는 6월 1일 이전에 매도하고 매수할 때는 6월 1일 이후에 소유권을 이전받는 것이 유리하다. 하루 차이로 수십만 원에서 수백만 원의 보유세를 내야 하는 상황이 생길 수도 있기 때문이다.

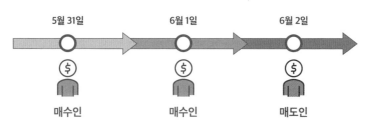

과세대상 재산: 토지, 주택, 건축물

도표 5-19 매매 날짜에 따른 재산세 납부 대상

아파트 매도의 기술

이런 이유로 6월 1일 이전에 다주택자들이 내놓은 부동산 매물 수가 급격히 늘어나기도 한다. 특히 고가부동산을 소유한 다주택자의 경우 하루 차이로 많으면 수천만 원의 세금을 부담해야 하는 상황이 생길 수 있으므로, 다주택자들은 잔금 청산일을 6월 1일 이전에 맞추려고 노력하는 것이다.

세금 납부에 기준이 되는 잔금일과 등기 접수일

세금 차원에서 6월 1일의 중요성을 이해했더라도 막상 실제로 일정에 맞게 추진하는 과정에서 다소 혼동되는 상황이 발생한다. 왜냐하면 부동산 거래에서 다양한 기준일이 존재하기 때문이다. 부동산은 매매 가격이 높기 때문에 <도표 5-20>과 같이 계약금-잔금 혹은 계약금-중도금-잔금 형태로 나눠서 대금을 지급한다. 만약 중도금까지 진행한다면 최소 3개의 날짜 기준일계약금 납부일/중도금 납부일/잔금 납부일이 생겨나는 만큼, 6월 1일 기점으로 어떤 날짜가 적용되어야 하는지 고민스러울 것이다.

매매 가격	계약금	중도금	잔금
10억원	1억 원 (매매 가격의 10%)	4억원 (매매 가격의 40%)	5억원 (매매 가격의 50%)

도표 5-20 매매 계약시 잔금을 지급하는 방법

매도하는 과정에서 다양한 기준일이 존재한다면, 단 하나만 기억하면 된다. 바로 자산의 취득 및 양도 시기는 대금을 청산한 날인 잔금일을 기준으로 한다는 사실이다. 만약 계좌이체 방식이 아닌 현금거래로 인해 잔금일이 분명하지 않다면 <도표 5-21>의 우선순위에 따라 예외적으로 등기접수일 등을 해당 자산의 취득시기 또는 양도시기로 간주하도록 규정하고 있다.

① 대금을 청산한 날이 분명하지 않은 경우 : 등기접수일

② 대금을 청산하기 전에 소유권이전등기를 한 경우 : 등기접수일

③ 자기가 건설한 건축물 : 사용승인서 교부일. 단, 사용승인서 교부일 전에 사실상 사용하거나 임시사용승인을 받았으면 사실상의 사용일 또는 임시사용승인을 받은 날 중 빠른 날

④ 상속 또는 증여로 취득한 자산 : 상속개시일 또는 증여 받은 날

도표 5-21 정산일이 분명하지 않을 때, 기준일 판단 기준

아파트 매도의 기술

결론적으로 매도를 계획한다면 5월 31일까지 잔금을 지불하도록 날짜를 조정하여, 한 번이라도 보유세를 납부하지 않도록 노력해보자.

6장

아파트 매도 전략 3 :

인테리어를 통한
아파트 가치
올리기

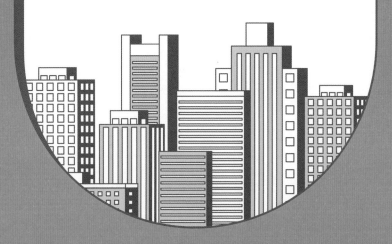

아 · 파 · 트 매 · 도 · 의 기 · 술

인테리어가 잘 된 아파트가 주는 첫인상은 매수자를 유혹하는 손길과 같다. 보기 좋은 떡이 먹기도 좋은 것처럼 예쁘고 만족도가 높은 집을 꾸며 매도 시 내 아파트의 가치를 올려보자.

01

사람들의
시선을 끄는
인테리어

예쁘고 보기 좋은 집이 잘 팔린다.

모델하우스를 방문하면 멋진 소품이나 가구로 예쁘게 꾸며져 있는 모습을 보게 된다. 그 순간 처음 받는 느낌은 "나도 이런 집에서 살고 싶다"라는 생각일 것이다. 특히 집 상태가 낡고 오래된 집에 거주한다면 깨끗하고 보기 좋게 구성된 인테리어 매력에 사로잡히게 된다. 매도를 잘하기 위해서는 사람들의 심리를 이용할 필요가 있다. 사람들의 시선을 끄는 인테리어를 진행하여 빠른 거래나 더 높은 수익성을 창출하는데 노력해야 한다. 보기 좋은 떡이 먹기도 좋은 것처럼 예쁘고 만족도가 높은 집으로 꾸미는 것이 중요하다.

인테리어가 깔끔하게 된 집을 보유하고 있다면 집을 구하는 사람들이 선택하는 단계에서 다양한 매물들 중 유리한 우위를 갖는다. 상승장에서는 다른 매물보다 빠르게 거래가 되거나 주변 시세보다 높은 가격에 매도할 수 있다. 하락장이더라도 거래만 이루어질 수 있다면 내 집이 선택될 가능성을 높이는 것이 바로 인테리어의 힘이다. 어떠한 상황이든 내가 매도하기로 마음먹었다면, 빠르게 거래되어야 한다. 따라서 내 집에 관심 있는 사람들이 집을 보러 왔을 때 현관문을 통과하는 순간부터 좋은 인상을 제공할 수 있는 인테리어에 주목해야 한다.

인테리어 8단계 과정

인테리어의 중요성을 이해하였다면 기본 과정을 아는 것부터 시작해야 한다. 인테리어 과정은 크게 8단계로 나눠진다. 일반적으로 예산수립 - 공사 범위 선정 - 업체 선정 - 견적서 요청 - 공정표 작성 - 인테리어 작업 - 입주 청소 - 입주 단계로 구성된다.

도표 6-1 인테리어 8단계 과정

　우리가 인테리어 과정을 이해해야 하는 이유는 투자관점에서 진행한 인테리어로 인해 힘들어 질 수 있는 상황을 예방하기 위해서이다. 특히 인테리어 과정은 각 단계별 수행되는 업무들이 워낙 많아서 경험이 부족한 사람들에게는 매우 복잡하고 어렵게 느껴질 수 있다. 대부분의 사람들은 인테리어의 경험이 없기 때문에 확실한 길잡이가 없다면 주도적으로 관여하기 힘든 분야가 바로 인테리어이다. 스스로 무지하거나 정보에 둔감하다면 눈뜨고 코베이는 일들이 발생할 수 있는 만큼 단계별 역할을 파악하는 것이 중요하다.

　또한 인테리어를 수행하는 목적에 맞게 업무를 진행하기 위해서도 기본 절차를 이해해야 한다. 전세나 월세를 목적으로 하는 투자용 아파트라면 그에 맞는 인테리어를 해야 한다. 세입자용 인테리어에 많은 돈을 들여 실거주용 수준으로 과도한 인테리어를 수행한다면 투자금 증가와 더불어 임대수익률 감소를 가져올 수 있다. 또한, 인테리어 비용 회수까지 고려하면 목적과 맞지 않는 방향으로 나아갈 수 있는 만큼 각별한 관심이 필요한 분야가 바로 인테리어이다.

[1단계]
인테리어 예산 수립과
방향 설정

인테리어 예산 수립과 검토

실거주용이든, 투자용이든 인테리어를 하기로 결정했다면 인테리어는 기본적으로 철거 작업부터 시작해서 설비, 목공 등 다양한 단계를 거쳐 진행된다. 작업이 시작되면 최종 완성까지 걸리는 시간은 짧게는 1~2주에서 길게는 한 달에 가까운 시간이 소요된다. 짧지 않은 시간이 걸리는 만큼 인테리어 작업이 시작되면 사실상 되돌리기 어렵기 때문에 확실한 준비와 사전 검토를 한 후에 진행해야 한다.

그 중 가장 먼저 할 일은 지출 가능한 예산을 산정하는 것이다.

돈이 많아서 원하는 디자인에 최고급 자재를 활용하여 진행할 수 있다면 사실상 그것만큼 좋은 일은 없을 것이다. 하지만 현실에서는 주어진 예산 내에서 투자 대비 높은 효과를 내는 가성비 인테리어가 중요한 요소로 작용한다. 따라서 인테리어의 용도가 실거주용인지 아니면 세입자용인지를 구분하여 용도에 맞게 예산을 산정하는 것이 중요하다.

<도표 6-2>는 평형별 용도에 따라 평균적으로 지출되는 인테리어 예산이다. 최근 들어 인건비 상승과 자재비 상승으로 인해 전반적인 인테리어 예산 자체가 상승하는 상황이다. 그럼에도 도표에 나온 예산 정도라면 평균 수준의 인테리어가 가능한 만큼 예산을 편성할 때 참조하면 좋다.

평형	세입자용 인테리어 예산 (창호 제외 기준)	실거주용 인테리어 예산 (창호 제외 기준)
15~19평형	1,000만 원 미만	1,500만 원 내외
25평형	1,200~1,500만 원 내외	2,000~3,000만 원 내외
33평형	1,500~2,000만 원 내외	3,500~5,000만 원 내외

도표 6-2 세입자 및 실거주용 인테리어 예산

세입자용 인테리어를 진행한다면 필수적으로 진행해야 할 작업인지 아니면 포기해도 되는 작업인지에 대한 전략적인 접근이 필요하다. 세입자가 입주하여 살아가는데 만족할 수준의 인테리어는 20평 이하15-19평형 대략 1000만 원 미만, 25평형 최대 1500만 원 수준, 33평형 최대 2000만 원 수준으로 작업할 수 있다.

　반면 실거주용으로 인테리어를 진행하면 가격의 범위가 천차만별로 달라진다. 저렴한 중국산 자재부터 비싼 고급자재 중 어떤 것을 선택할지와 전체 수리를 할 것인지 부분 수리를 할 것인지 등 검토할 사항이 많다. 또한, 인테리어 디자인 유무나 업체의 등급에 따라 견적가 역시 크게 달라지기도 한다. 그럼에도 <도표 6-2>의 금액을 기준점으로 생각하고 각자의 자금 상황에 따라 예산의 범위를 설정해보자.

인테리어 우선순위 설정

일반적인 인테리어 예산범위를 이해하였다면 주어진 예산 내에서 진행해야 할 우선순위를 설정해야 한다. 개인별 성향에 따라 우선순위가 달라질 수 있지만, 가장 중요하게 고려해야 할 부분은 바로 제품별 고유 기능을 보완하는 것이다. 한 번 약해지거나 파손된 제품을 교환이나 수리없이 방치한다면 추후 동일한 부분에 문제가 지속적으로 발생할 가능성이 높아진다. 특히 누수/단열/수도 관련 문제를 해결하지 않고 인테리어를 진행했다가 나

중에 다시 문제가 발생한다면, 처음부터 작업을 다시 해야 할 정도의 예산과 시간이 소요될 수 있다. 그러므로, 인테리어 시작 단계부터 기능적인 문제를 해결하는데 집중해야 한다.

다음으로는 집의 분위기와 인상을 좌우할 수 있는 노후도를 보완하는 것이다. 아무리 매일 청소하고 깨끗하게 관리하더라도, 세월의 흐름에 따라 자연스럽게 노후가 발생하는 부분이 존재한다. 바로 벽지나 바닥 장판, 전등과 같은 부분이다. 특히 벽지나 장판은 거주공간에서 큰 면적을 차지하는 만큼 집 분위기에 결정적인 역할을 한다. 만약 인테리어 예산이 부족하다면 최소한 벽지나 장판만이라도 교체하여 깨끗한 집 분위기를 연출해보자.

제품의 기능보완과 노후도 문제를 해결하였다면 다음으로는 사용자의 만족도를 높일 수 있는 인테리어를 수행해야 한다. 사람들이 집을 보러왔을 때 눈여겨보는 공간이 바로 욕실과 주방이다. 특히 욕실은 위생과 관련된 공간이자 집 안에서 가장 사적인 공간이다. 그런 만큼 욕실을 새롭게 단장하여 안락한 공간으로 연출한다면 사람들의 만족도를 높일 수 있다. 또한 요리의 공간으로만 여겨졌던 주방은 대화의 공간이나 음악을 듣는 공간으로 역할이 확장되면서 사람들은 더 깔끔하고 더 예쁜 디자인을 선호한다.

아파트 매도의 기술

집을 보러오는 사람들은 돈을 조금 더 지불하더라도 깨끗하고
예쁜 욕실과 주방을 갖춘 집을 선택할 가능성이 높으므로 사용
자의 만족도를 높일 수 있는 인테리어를 고려해 보자.

마지막으로 향후 가치 상승용 인테리어를 수행하는 것이다. 그
중 대표주자가 바로 샷시라고 불리는 창호이다. 창호가 오래되
면 누수나 곰팡이 및 습기 등의 문제를 야기하기 때문에 생활하
는 사람들에게 부정적인 영향을 미칠 수 있다. 하지만, 창호는 인
테리어 공사 중에서도 고가의 비용을 차지하며 브랜드와 제품의
등급에 따라 가격대 역시 천차만별이다. 그럼에도 투자한 만큼
만족도가 높은 공사가 바로 창호 교체 작업이므로 예산이 허용
한다면 교체하는 것도 좋은 선택이 될 수 있다.

인테리어 우선순위	설정기준
1순위	기능 보완 중심 인테리어 (근본적 하자 관련)
2순위	노후화 관련 인테리어 (세월의 흐름과 노후화)
3순위	사용자 맞춤형 인테리어 (욕실과 부엌)
4순위	추가 가치 상승 인테리어 (창호 교체)

도표 6-3 인테리어 우선순위 및 설정기준

인테리어 컨셉 정하기(내추럴/모던/클래식)

인테리어의 우선순위가 결정되었다면 인테리어 컨셉을 결정해야 한다. 인테리어의 컨셉은 크게 3가지로 나뉜다. 내추럴 스타일, 모던 스타일, 클래식 스타일이다. 내추럴 스타일은 실내에서도 포근한 자연의 감성을 느낄 수 있는 디자인이다. 특히 색상은 따뜻한 톤과 부드러움을 바탕으로 자연스러움을 구현하는 특성이 있다. 모던 스타일은 화려함보다는 심플한 디자인 속에서 개성을 느낄 수 있는 디자인이다. 과도한 색채나 패턴은 가급적 배제하고 단순하며 간결한 분위기를 구현하는 특성이 있다. 클래식 스타일은 중세 유럽풍의 고전적이고 고풍스러움을 느낄 수 있는 디자인이다. 중세시대를 배경으로 하는 영화에서 쉽게 볼 수 있는 스타일로 클래식이라는 단어가 주는 것처럼 큰 유행을 타지 않는 특성이 있는 디자인이다.

최근에는 깔끔하고 캐주얼한 느낌을 추구하는 사람들이 많아지는 추세로 인해 클래식보다는 모던이나 내추럴 스타일이 선호된다. 이런 트렌드를 반영하여 신축 모델하우스에 주로 사용되는 디자인은 내추럴 또는 모던 스타일이다. 또한, 소형평수부터 대형평수까지 자연스럽게 어울리다 보니 보편적으로 선호된다. 반면, 클래식 스타일은 고풍스러운 특성이 반영되기 때문에 넓은 평수에 어울리며 인테리어 비용도 내추럴이나 모던 스타일보

아파트 매도의 기술

다 더 많이 요구된다. 실거주용으로 많은 돈을 투자하여 장기간 거주할 계획이 아니라면 세입자 또는 매도 시 선호될 수 있는 모던 스타일이나 내추럴 스타일의 인테리어를 추천한다.

인테리어 디자인과 분위기 연출하기

컨셉까지 결정하였다면 마지막으로 세부 인테리어 디자인을 찾는 작업을 수행해야 한다. 대부분의 사람들은 평생 손에 꼽힐 정도로 인테리어를 경험하다 보니 아무래도 전문지식이 부족하다. 그래서, 손쉽게 진행하기 위해서는 이미 진행된 실전 후기를 참조하여 내 취향에 맞은 디자인을 찾아 벤치마킹하는 것이 좋다. 내가 보유한 아파트와 동일한 아파트의 인테리어 후기를 검색하여 잘 된 인테리어 후기 사진을 찾는 과정을 통해 원하는 느낌을 찾아야 한다. 혹시 동일 아파트에 원하는 디자인이 없다면 거실, 부엌, 화장실 등 공간별 실전사례를 개별적으로 검색하여 자료로 정리해보자. 각 공간별로 느끼고 싶은 분위기를 결정하였다면 견적을 받을 때 예시로 제공하면 된다. 만약 시간적 여유가 없거나 사진을 봐도 잘 모르겠다면 최근 유행하는 인테리어 스타일을 그대로 따라서 진행하는 것도 좋은 방법이다.

원하는 이미지를 수집하고 분위기를 결정했더라도 주의해야 할

점이 있다. 바로 인테리어의 통일성이다. 아무리 좋은 옷이 있더라도 서로 조화가 이뤄지지 않는다면 어색할 수 있는 것처럼 인테리어 역시 전체적으로 통일감을 주는 것이 매우 중요하다. 기존 인테리어 후기 사진들을 공간별로 검색하다 보면 예뻐 보이는 디자인이 존재할 것이다. 하지만 각각의 디자인을 종합하다 보면 어울리지 않는 집으로 완성되기 쉽다. 거실은 모던 스타일, 부엌은 내추럴 스타일과 더불어 색상도 어울리지 않는 조합 등으로 구성되는 것이다. 통일성은 고려하지 않고 개별적으로 예쁘다고 무작정 진행한다면 난해한 인테리어 결과물로 이어져 매도 시 원치 않는 인테리어로 인식될 수 있다. 따라서 전체적으로 어울리는 컨셉과 함께 조화로운 색상을 선택해야 한다.

03

(2단계)
업체 선정 및 견적서
요청 준비하기

손쉽게 따라 할 수 있는 업체 선정 방법

인테리어 수요가 늘어나는 최근 트렌드와 함께 인테리어 피해 역시 증가한다는 소식들이 동시에 들려온다. 물론 성실하고 업무를 잘 처리하는 인테리어 업체가 더 많을 것이다. 하지만 인테리어 시장의 특성상 소규모 개인사업자가 많고 대부분의 소비자가 인테리어에 무지하기 때문에 문제가 발생할 가능성이 높다. "인테리어를 진행하기 전에는 고객이 갑이지만, 계약서에 도장을 찍은 이후에는 업체가 갑이 된다."라는 말처럼 인테리어 업체를 잘 선택하는 것이 무엇보다 중요하다.

가장 손쉬운 선택은 인테리어 전문 기업을 활용하는 것이다. 인테리어계의 대기업인 한샘, 대림, LX하우시스, KCC글라스와 같은 기업의 경우 다양한 인테리어 경험 실적과 더불어 맞춤형 디자인을 제공하기 때문에 소비자가 쉽게 다가갈 수 있는 장점이 있다. 또한 계약 과정에서 정확한 제품명을 바탕으로 표준계약서를 작성하기 때문에 인테리어 수행 과정에서 갑작스러운 계약 변경으로 인한 지연이나 갈등을 최소화할 수 있다. 최근 들어 인테리어 시공 무한책임제를 도입하는 기업이 증가하는 추세로 인해 소비자가 믿고 맡길 수 있는 최적의 상황으로 발전하고 있다. 이런 편리함에도 불구하고 사용자가 선택하기에는 다소 가격이 높다는 단점이 존재한다.

두 번째는 지인이 경험한 업체를 추천 받는 방법이다. 지인이 추천한 업체라면 최소한 인테리어 과정에서 큰 문제없이 마무리를 잘 한 업체일 가능성이 높다. 혹시라도 내가 보유한 아파트와 동일한 아파트의 인테리어를 수행한 업체를 소개받는다면 이미 진행한 경험을 바탕으로 개선 사항을 추가로 보완할 수 있다. 또한 지인 추천으로 인한 가격 할인이나 인테리어 완성도 측면에서 만족감을 높일 수 있다. 설령 내가 보유한 아파트의 인테리어 경험이 없더라도 원하는 지역까지 방문하여 인테리어가 가능하다면 새로운 업체를 찾는 과정에 에너지를 쏟기보다는 지인의 추친 업체를 선택하는 것도 좋은 방법이다.

아파트 매도의 기술

세 번째로는 보유한 아파트 인근에 위치한 인테리어 업체를 알아보는 것이다. 해당 지역 인테리어 업체는 내가 보유한 아파트에 대한 이해도가 높고 인테리어를 수행한 경험이 많을 가능성이 높다. 특히 최근 투자자들이 선호하는 인테리어 정보가 많을 뿐만 아니라 자재, 비용 등을 정확하게 알고 있으므로 디테일한 측면에서 많은 부분을 보완해 줄 수 있다. 게다가 추후 AS가 발생할 경우 신속한 대응이 가능하다는 장점이 있다. 특히, 부분 인테리어 공사만을 할 때에는 더더욱 인근 업체를 선택하는 경우가 유리하다. 거리가 먼 업체일 경우 유류비 및 현장 운영경비 부담이 증가함에 따라 소비자가 희망하는 예산으로 공사 진행이 어려워지기 때문이다. 오히려 보유 아파트 인근 업체에서 진행하는 것이 비용적으로 더 저렴할 수 있으며 현장관리 및 A/S 부분을 고려했을 때도 유리할 수 있다.

마지막으로는 공인중개사를 통해 업체를 소개받는 경우이다. 이 경우 중간에 공인중개사가 매개체 역할을 하므로 편안하게 일처리를 할 수 있다. 공인중개사 비용을 지불하기 전 인테리어 문제가 발생할 경우 부동산 수수료를 담보로 조정이 가능할 수 있다. 단, 인테리어 비용에 소개비가 포함되어 책정될 수 있으니, 이점은 주의해야 한다.

업체 종류	장점	단점
인테리어 전문기업 (한샘, 대림 등)	초보도 무리 없이 할 수 있는 인테리어 접근성	높은 가격
지인 추천 인테리어 업체	업체 대표와의 업무 경험으로 인한 신뢰도	보유 아파트의 인테리어 경험 전무일 가능성 有
보유 아파트 근처 인테리어 업체	보유 아파트의 다양한 인테리어 경험 및 신속한 AS 가능	업체의 업무스타일 파악 어려움
공인중개사 소개업체	공인중개사를 매개체로 한 편안한 일처리	시중 가격 대비 소개료 명목의 추가 비용 가능성 有

도표 6-4 인테리어 업체 종류별 장단점

견적과 업체 등급별 가격대 차이

인테리어에서는 좋은 자재, 업체의 시공능력 그리고 디자인 컨셉 총 3가지가 모두 조화되어야만 양질의 결과로 나타난다. 하지만 고객들이 모른다는 점을 악용하여 저가 자재를 사용하거나 시공 실력이나 디자인 능력이 부족함에도 불구하고 최고인 것처럼 홍보하여 고객을 현혹시키는 업체들도 많다. 정보의 불균형이 심한 인테리어 분야에서 호구가 되지 않기 위해서는 반드시 여러 업체들로부터 견적을 받아 비교를 해야 한다. 업체들의 견적서를 서로 비교하다 보면 가격, 자재, 업체 경력 등 다양한 사항을 종합적으로 분석할 수 있어 업체를 선정하는데 도움이 된다.

아파트 매도의 기술

그렇다면 인테리어 업체는 어떻게 구성될까? 업체 규모와 성격에 따라 크게 3가지 등급으로 나눌 수 있다. 바로 하이엔드, 미들엔드, 로우엔드 인테리어 업체이다.

첫 번째로 하이엔드High-End 업체는 인테리어 전문 기업답게 고객이 원하는 디자인이나 자재 등을 컴퓨터 시뮬레이션을 통해 견적 단계부터 확인할 수 있는 장점이 있다. 동일 아파트의 실전 사례나 동일 평형의 인테리어 정보를 다양하게 보유하고 있는 만큼 최신 트렌드 파악도 쉽다. 게다가, 무엇보다도 부담없이 견적을 받을 수 있기 때문에 인테리어 경험이 많지 않다면 하이엔드 업체에 방문하여 견적을 받아보자. 견적을 받은 후 최고가 수준과 함께 자재별로 정확한 가격을 확인할 수 있어 다른 업체와 비교할 때 기준으로 활용하면 좋다. 다만 일반 인테리어 업체 대비 가격이 높다는 단점이 있으나 사용자 측면에서 편리하고 믿고 맡길 수 있다는 점에서 많은 사람들이 선택하고 있다.

두 번째로 미들엔드Middle-End 업체는 주로 턴키도면 디자인 설계부터 시공까지 하는 방식를 전문으로 수행하는 토탈 인테리어 업체이기 때문에 디자인 중심의 미적 감각이 매우 우수하다. 실거주 차원에서 원하는 미적 감각을 발휘할 수 있고 진행 과정에서 더 효과적인 디자인 수정 등이 가능한 만큼 선택하는 사람들의 만족도가 높다. 하이엔드 업체 대비 인테리어 완성도는 거의 비슷하나 가격은 다소 저렴하다는 장점이 있다. 하지만 깔끔하고 세련되게 작업한다고 소문난 업체는 최소 몇 달을 기다려야 하는 상황도 발생한다. 설령 계약은 못하더라도, 견적을 받아 타 업체와 비교해보자.

마지막으로 로우엔드Low-End 업체다. 동네 업체나 수리 위주 업체로 구성되는 로우엔드 업체는 최저가부터 다양한 가격대의 견적이 혼재 되어 있다. 업체간 실력 차이를 구분하기 어려우며 가격 차이가 극명하게 나는 모습을 볼 수 있다. 아파트 단지 내 다양한 공사 경험과 신속한 대응이 가능한 만큼 가격을 저렴하게 하거나 세입자용 인테리어를 수행하기 위해 적합하다.

견적 요청전 핵심 고려사항

⊘ 실거주용인지 세입자용인지 구별하기

업체의 특성을 이해하였다면 자신의 성향과 예산에 맞춰 견적을 요청해야 한다. 그런데 견적을 요청하기 전에 마지막으로 고려해야 할 사항이 있다. 바로 세입자용인지, 실거주용인지를 결정하는 것이다. 세입자용으로 진행할 예정이라면 최대한 무난하고 거부감 없는 스타일로 진행해야 한다. 특히 내추럴 스타일로 진행한다면 사람들의 만족도가 높을 것이다. 단, 세입사용에 과도한 비용을 투입하는 것은 수익률이 낮아질 수 있는 만큼 무리한 욕심은 금물이다. 반면 실거주용은 세입자용 대비 운신의 폭이 넓다. 그럼에도 장기간 거주 계획이 아니라면 자신의 개성이 과도하게 반영된 인테리어는 지양하는 것이 좋다.

✓ 공사 범위 선정과 자재 이해하기

다음으로는 공사 범위를 선정해야 한다. 앞서 예산에 따른 개인별 우선순위가 마련되어 있을 것이다. 설령 부분수리만 계획하더라도 견적서를 요청할 때는 전체수리 기준으로 요청하자. 만약 부분수리만 진행한다면 업체에게는 큰 돈벌이가 되지 않기 때문에 대응이 소극적이거나 업체로부터 견적을 받지 못하는 상황이 발생할 수 있다.

마지막으로는 자재를 이해해야 한다. 자재는 동일한 공사범위라도 예산 차이를 가져올 수 있는 만큼 반드시 알아야 한다. 특히 인테리어에서 가장 많이 바가지를 쓸 수 있는 부분이 바로 자재이다. 자재는 등급에 따라 그리고 브랜드에 따라 가격군이 달라질 수 있으므로 큰 틀에서 이해하는 것이 좋다.

<도표 6-5>는 시공항목 및 자재별 가격군과 더불어 세입자용 추천 인테리어 항목이다. 추후 견적을 받더라도 항목별로 저렴한지, 비싼지에 대한 정보가 부족할 수 있는 만큼 사전에 자신만의 기준을 마련해보자.

시공항목	고가	중가	저가	세입자용 추천
도배/벽지	수입벽지/ 친환경벽지	실크벽지	합지 (광폭/ 소폭합지)	광폭합지 (두께 1.8T)
바닥	원목마루	강마루/ 강화마루	장판	강마루 또는 장판(1.8mm)
타일	대리석 (천연대리석)	세라믹 (복합/ 인조대리석)	자기질 (폴리싱/ 포세린)	폴리싱 (600×600각)
주방 상하부장	전면 교체/ 도장	PET/UV 하이그로시	LPM/필름	LPM/필름
창호 (브랜드)	LG하우시스	KCC/한화	금호, 영림, 동양 등	비추천 (필요시 저가제품)
도기 (브랜드)	아메리칸 스탠다드	대림바스, 동서	중국산 제품	중국산 제품 (투피스)
문, 몰딩 (브랜드)	예림, 영림	-	인테리어 필름	인테리어 필름
조명	수입산 고급 LED	국산 LED	중국산 LED	중국산 LED

도표 6-5 인테리어 가격대별 시공항목 및 세입자용 추천 인테리어

아파트 매도의 기술

[3단계]
견적서 요청과
비교하기

견적서 요청과 사전 실측의 중요성

견적을 받기 위해서 할 수 있는 방법은 전화문자 상담 및 방문 상담을 하는 것이다. 특히 손쉽게 할 수 있는 방법이 전화문자를 통한 견적 요청이다. 업체에 연락을 하면 업체 대표가 현장에서 작업 중 전화를 받는 경우가 종종 있는데 이러한 경우 전화상으로 자세한 설명을 듣기 어려울 수 있다. 따라서, 앞서 정리한 요청 자료를 문자나 카톡으로 보내놓고 간단히 전화를 마치는 것이 현명하다. 혹시 연락이 오지 않는 경우에는 바쁘게 일하다가 놓칠 수 있는 부분이라고 생각하고, 다음 날 다시 견적을 요청하면 된다.

다음으로는 방문 상담을 통한 견적 요청이다. 방문 상담의 목적은 업체 자체와 업체 담당자를 대면할 때 받을 수 있는 느낌을 얻기 위해서다. 업체 대표와 직접 만나 대화를 하다보면 향후 소통이 잘될 수 있는지 여부와 더불어 현장 경험 유무 파악 등을 직감적으로 느낄 수 있다. 나와 궁합이 잘 맞아 보이는 업체와 진행해야만 향후 문제가 발생할 가능성이 줄어들기 때문에 방문 상담을 추천한다.

인테리어 업체에 견적을 요청하면 현장 실측인테리어 업체에서 공사할 현장의 상태를 측정하는 일을 해야 한다고 제안 받는 경우가 있다. 현재 집 상태가 어느 정도인지 그리고 각종 문제점이 없는지 확인하는 절차인 것이다. 그런데 보유한 집에 집주인이 거주하지 않는다면 현장 실측이 귀찮고 번거로울 것이다. 그럼에도 가능하다면 반드시 실측을 통해 정확한 기준을 잡는 것을 추천한다. 정확한 실측이 진행된다면 인테리어 작업 시 발생할 수 있는 추가 하자 및 늘어나는 비용 요구 등의 갈등을 사전에 방지할 수 있다. 또한 실제 공사범위에 대해 다양한 업체의 전문가 의견을 들을 수 있는 간접 교육이 되는 만큼 가급적이면 진행하는 것이 좋다.

아파트 매도의 기술

견적서 비교를 통해 최적의 기준을 찾는 방법

다양한 업체로부터 견적서를 받았다면 상세 검토를 위해 비교해야 한다. 그런데, 견적서를 정리하는 과정에서 놀라운 상황이 연출될 것이다. 바로 업체별로 엄청난 가격 차이가 난다는 것이다. 물론 하이엔드 업체나 디자인이 반영된 미들엔드 업체는 지역 업체보다 가격이 어느정도 비쌀수 있겠지만 지역 업체 간에도 큰 가격 차이가 발생하기도 한다. 또한 견적서를 주는 방식도 업체별로 차이가 많이 난다. '평당가격 × 25평형'과 같이 다소 성의 없이 견적서를 주는 업체가 있는 반면 최대한 품목이나 자재 등을 포함하여 자세히 작성해주는 업체도 존재한다. 따라서, 업체별로 가격과 견적서 방식의 차이가 매우 큰 만큼 다양한 업체로 부터 견적서를 받아 내용을 비교해볼 필요가 있다.

첫째, 요청한 공사 항목을 모두 기입했는지 확인해야 한다. 간혹 견적서에 요청한 공사 항목이 빠져 있기도 하고 필수 공정이 누락되어 있는 경우가 있다. 예를 들면, 베란다 확장 및 창호를 교체하려고 하는 데 철거 공정을 누락하여 작성하는 것이다. 물론 단순 실수나 업계 관행상 당연한 과정으로 인식하여 누락할 가능성은 있다. 그러나 업체가 고의로 해당 내용을 누락하였는 데 미리 확인하지 못했다면 작업 과정에서 추가 비용이 발생할 수 있다. 따라서 각 공사 항목이 정확하고 상세히 적혀있는지 확인해야 하며, 어느 누가 보더라도 어떠한 공사를 뜻하는지 오해 없이 표기되어 있어야 한다. 그렇지 않으면 공사 중에 이견이 생겨 분쟁이 발생할 수 있다는 사실을 명심하자.

둘째, 시공의 자재, 수량, 단가 및 브랜드가 개별적으로 기재되어 있는지 확인해야 한다. 앞선 <도표 6-5>에서 살펴봤듯이 벽지도 실크벽지/광폭합지/소폭합지 등 종류가 다양하고 브랜드도 천차만별이다. 심지어 자재의 종류에 따라 시공 방법이 달라지기 때문에 인건비에도 영향을 미칠 수 있는 만큼 정확한 기재가 중요하다. 단, 업체의 견적서에 수량이나 단가 표기가 없이 총금액이나 평 단가 기준으로 작성한 업체는 거르는 것이 좋다. 예를 들면, '평당 100만원 × 25평 = 2,500만 원'으로 표기되어 오는 경우이다. 추후 인테리어 작업을 진행하면 제품명이나 브랜드에 대한 기준이 없어 논쟁의 여지가 발생할 가능성이 높다. 또한, 금액에 대한 적정한 가격이 맞는지 확인이 어렵기 때문에 과도한 금액을 지불할 수 있다. 계약 이후 자재나 브랜드의 업그레이드를 요청하면 명확하게 기입한 업체보다 비싸지는 경우가 발생할 수 있는 만큼 주의해야 한다.

셋째, 공정별 시공 과정에 따라 진행되는 작업 방식을 확인해야 한다. 도배의 경우, 기존의 도배지를 제거하고 다시 붙여 시공하는 방식이 있는 반면 기존 벽지 위에 새로운 벽지를 덧붙여 작

아파트 매도의 기술

업하는 덧방 방식도 존재한다. 작업 방식에 따라 작업 시간이 달라지기 때문에 명확하게 아는 것이 중요하며 과다 작업이 포함될 수 있는 만큼 주의 깊게 살펴보자.

넷째, 타 업체 대비 과도하게 가격이 저렴한 업체라면 더 신중하게 확인해야 한다. 해당 업체가 해당 시기에 일거리 공백이 발생하여 최소 매출이라도 발생시키기 위해, 최저가 견적을 제출할 수 있다. 하지만 인테리어는 기성품 납품과 같이 정해진 가격이 있는 것이 아니라 '인건비 + 자재 및 부자재 비용 + 경비 + 폐기물 처리 비용 + 기업 이윤 + 공과 잡비유류비, 자재운임비 등 기타 사소한 비용항목' 등 종합적인 비용이 반영된 결과물이다. 절대적으로 지출되어야 할 비용이 있음에도 불구하고 지나치게 싼 견적을 제시한 업체는 작업 과정에서 추가 비용을 요청할 가능성이 있으므로 주의해야 한다.

다양한 업체로부터 견적서를 받으면 기준표를 작성하여 자체 평가를 수행해야 한다. 이와 더불어 가격/동일한 아파트 시공 경험/업체 대표 의견 등 자신의 기타 평가 기준을 작성하여 체크리스트에 추가하면 좋다. <도표 6-6>은 다양한 항목을 포함한 견적서 비교 리스트이므로 샘플로 참조하면 좋다.

		A업체	B업체	C업체	D업체	기타사항
상담일자		3/14	3/15	3/15	3/15	-
현장방문일자(실측일자)		미수행	3/15	3/16	미수행	-
견적일자		3/16	3/17	3/17	3/16	-
연락처		010-XXX	010-XXX	010-XXX	010-XXX	-
사장님 성향		친절함	전문가 느낌	소통 원활	다소 불편함	-
사무실 분위기		개끗함	보기 좋음	원활한 응대	지저분함	-
해당 아파트 수리 유무		있음	없음	있음	많음	-
비용지불 방법		카드가능	현금결제	선불요청	완공후 입금	-
도배	벽/천정	실크벽지	광폭합지	소폭합지	실크벽지	-
도배	천정 몰딩	페인트	필름	전면교체	전면교체	교체 시 영림몰링 요청
장판	바닥	강화마루 (걸레받이 포함)	강마루 (걸레받이 포함)	하이펫트 장판 (1.8T)	모노륨 장판 (2.2T)	강화마루 아닌 업체는 변경요청
장판	걸레받이			-	-	-
타일	현관 폴리싱 타일	600*600각				1)덧방 또는 철거 후 재시공 인지 2)방수공사 여부 확인
타일	베란다 폭타일	400*100각	300*100각	300*100각	400*100각	
욕실 공사	벽타일 도기질	300*300각				1)덧방 또는 철거 후 재시공 인지 2)방수공사 여부 확인
욕실 공사	바닥 타일 자기질	300*600각 (지그재그)	600*300각 (가로형)	600*300각 (가로형)	300*600각 (세로형)	

			A업체	B업체	C업체	D업체	기타사항
욕실 공사	양변기	-	원피스 (일체형)	투피스 (분리형)	치마형	치마형 원피스	-
	세면기	-	탑카운터	언더 카운터	반달	긴다리	
	거울장	-	슬리이딩	여닫이	여닫이	슬라이딩	
	천장재	-	이노솔	도장	ABS	SMC	
주방 공사	가전 기기	쿡탑 (빌트인)	인덕션	가스 레인지	가스 레인지	인덕션	-
	상판	-	천연석	인조 대리석	PT	인조 대리석	-
	수전	입 수전	입 수전으로 전면 교체				-
	부엌 가구	장 및 싱크대	한샘 제품으로 전면 교체				-
	미드 웨이 (주방벽)	타일	600*300각	300*100각	300*100각	600*300각	-
주방 공사	냉장고장	-	상부 수납장 및 마감판(EP) 설치				거실 3개 등 요청
신발장		한샘제품으로 전면 교체					-
조명		모든 등 LED 제품 및 주광색 (6500~7000K) 사용 포인트 연출 조명은 주백색(5000K) 사용					-
도장	베란다 등	-	수성 페인트	유성 페인트	친환경 수성	수성 페인트	-

도표 6-6 견적서 비교 리스트 예시

05

〔4단계〕
비용 처리와
부가세 납부 여부 검토

비용 처리의 시작은 업계 관행을 이해하는 것부터

다양한 업체와 연락을 통해 견적서를 수령하고 비교 검토했다면
인테리어 1차 관문은 넘은 것이다. 인테리어 업체를 최종 선정하
기 전에 반드시 짚고 넘어가야 할 부분이 있다. 바로 부가가치세
발행 유무이다. 부가가치세란 상품의 거래나 서비스의 제공 과
정에서 얻어지는 부가가치에 대하여 과세하는 세금이다. 일반적
으로 거래하는 과정에서 붙는 10% 금액이 바로 부가가치세이
다. 그런데 계약도 하기 전에 부가가치세 납부 유무를 검토해야
하는건지 의문을 갖는 사람들이 있을 것이다. 비용 처리의 시작은
인테리어 업계 특성을 먼저 이해하는 것부터 시작해야 한다.

많은 인테리어 업체에서는 카드결제보다는 계좌이체를 통해 대금을 받는 경향이 강하다. 계좌이체를 통한 현금거래를 유도하면서 소비자에게 혜택을 주는 방법으로 부가가치세 10%를 제외한 금액으로 계약하는 방식이 이루어진다. 혹시라도 세금계산서 발행이나 카드결제를 요청하면, 별도 부가가치세를 납부해야 가능하다는 의견을 받게 된다. 소비자 입장에서는 최소 수백 만원 이상의 큰 돈이 들어가는 만큼 부가가치세 납부에 대한 고민이 발생할 것이다. 단순히 1천만 원이 소요되는 인테리어를 하더라도 100만 원을 추가로 납부해야 하기 때문이다. 그래서 많은 사람들은 총비용의 10%인 부가가치세를 절감할 수 있는 현금거래 방식을 선택한다.

비용 인정 유무가 달라지는 자본적/수익적 지출 항목

현금거래 방식이 비용이 적게 들어간다는 이유만으로 선택하기 전에 고려할 사항이 있다. 바로 양도소득세이다. 부가가치세를 납부한다는 것은 매도 시 비용처리가 가능할 수 있기 때문에 양도소득세 혜택에 영향을 끼칠 수 있는 요인으로 작용한다. 물론 어떠한 인테리어를 했느냐에 따라 양도소득세 혜택 여부는 달라지겠지만 인테리어 비용의 10%를 절감하는 것이 무조건적인 이득인지에 대해 검토가 필요하다.

인테리어 지출과 관련하여 먼저 살펴볼 개념은 자본적 지출과 수익적 지출이다. 자본적 지출이란 고정자산의 이용가능 연수를 연장시키거나 가치를 크게 향상시키기 위한 지출을 의미한다. 지출을 통해 당해 기간 뿐만 아니라 향후에도 수익 창출에 기여한다고 판단하는 만큼 자산으로 간주한다. 반면 수익적 지출이란 지출의 효과가 단시간에 종료되는 지출로 부속품 교체, 건물의 도장 등 자산의 현 상태를 유지하기 위한 지출을 의미한다. 수익적 지출은 당해연도 비용으로 처리되기 때문에 자산으로 간주하지 않는다.

"그래서, 뭐가 다른 거지?"라는 의문이 있을 수 있다. 지출 항목에 따라 양도소득세 납부 시 필요 경비로 인정될 수 있느냐, 없느냐가 판가름나는 중요한 요인이 된다. 자본적 지출 항목과 관련하여 인테리어를 진행하는 경우에는 양도소득세 납부 시 비용 인정이 가능한 반면 수익적 지출 항목과 관련하여 진행하는 경우에는 비용 인정이 불가능하기 때문이다.

<도표 6-7>처럼 창호 설치/발코니 개조/상하수도 배관공사비 등의 항목은 자본적 지출로 간주되어 양도소득세 납부 시 필요 경비로 인정된다. 반면, 도배/장판 교체/보일러 수리비/싱크대 주방기구 등의 항목은 수익적 지출로 간주되어 양도소득세 납부 시 필요 경비로 인정되지 않는다.

아파트 매도의 기술

인정 항목(자본적 지출)	불인정 항목(수익적 지출)
1. 창호 설치비(철거비)	1. 도배/장판 교체 비용
2. 발코니 개조비(확장비 포함)	2. 보일러 수리비
3. 상하수도 배관공사비	3. 싱크대/주방기구 구입비
4. 난방시설(보일러 등) 설치/교체비	4. 방수공사비 및 외벽도색비
5. 자산취득시 발생한 소송비용 등	5. 문, 변기, 상하수도관 교체비

도표 6-7 지출 항목에 따른 양도소득세 필요 경비 인정 유무

부가가치세 납부 유무 결정

자본적 지출관련 인테리어를 진행한 경우에는 필요 경비 차원에서 상세한 분석이 필요하다. <도표 6-8>처럼 취득가 2.5억 원/매도가 3.2억 원/보유기간 2년 이상 일반과세 기준/다주택자/비조정지역/기본공제인적공제 적용로 설정하고 인테리어 비용에 1,650만 원부가세 150만 원 포함을 필요 경비로 간주하여 비용을 납부한다고 가정해보자.

양도차익에서 각종 공제액을 차감한 후 세율을 반영하여 계산한다면 최종 세금양도소득세+지방소득세 납부금액이 약 712만 원 가량 발생하게 된다.

	적요	금액(단위 : 원)	비고
1	취득가액	250,000,000	보유기간 2년 2개월 적용
2	양도가액	320,000,000	
3	필요경비	16,500,000	부가가치세 10% 납부
4	양도차익	53,500,000	양도가액 - (취득가액 + 필요경비)
5	과세표준	51,000,000	양도차익 - 공제액 인별공제 250만 원 적용
6	양도소득세율	24%	8,800만 원 이하 24% (누진공제액 576만 원)
7	양도소득세	6,480,000	과세표준×세율(24%)- 누진공제액(576만 원)
8	지방소득세	648,000	양도소득세의 10%
9	총 납부금액	7,128,000	양도소득세 + 지방소득세

도표 6-8 부가가치세 납부 후, 최종 세금 납부 금액

<도표 6-9>는 위의 사례와 매수/매도 조건은 동일하나 부가가치세를 납부하지 않고 필요 경비로 인정받지 않는 경우이다. 앞선 방법과 동일하게 계산한다면, 최종 세금 납부금액이 약 1,148만 원 가량 발생하게 된다.

	적요	금액(단위 : 원)	비고
1	취득가액	250,000,000	보유기간 2년 2개월 적용
2	양도가액	320,000,000	
3	필요경비	0	부가가치세 미납부

아파트 매도의 기술

	적요	금액(단위 : 원)	비고
4	양도차익	70,000,000	양도가액 – (취득가액 + 필요경비)
5	과세표준	67,500,000	양도차익 – 공제액 인별공제 250만 원 적용
6	양도소득세율	24%	8,800만원 이하 24% (누진공제액 576만 원)
7	양도소득세	10,440,000	과세표준×세율(24%)– 누진공제액(576만 원)
8	지방소득세	1,044,000	양도소득세의 10%
9	총 납부금액	11,484,000	양도소득세 + 지방소득세

도표 6-9 부가가치세 미납부 후, 최종 세금 납부 금액

동일한 매수/매도 조건임에도 불구하고 부가가치세 납부 유무에 따른 지출 금액 차이는 약 436만 원 가량 발생한다. 부가가치세 납부 금액 150만 원을 제외하더라도 실제 얻을 수 있는 이득은 286만 원인 것이다. 인테리어를 할 경우 즉각 지불해야 하는 150만 원이 부담스러울 수 있지만 이를 정확히 계산하지 않는다면 286만 원을 오히려 손해 볼 수 있다. 인테리어 단계에서 정확히 매도 금액을 산정하는 것은 어렵겠지만 향후 예상되는 상승 금액을 스스로 고려하여, 인테리어 단계부터 부가가치세 납부유무를 계산하여 비교해보자.

부가가치세를 납부하기로 최종 결론을 내렸다면 양도소득세

혜택을 받기 위해 법적으로 인정되는 증빙서류를 준비해야 한다. 계산서, 세금계산서, 현금영수증 또는 신용카드 매출전표 및 금융거래 증빙서류 등 법에서 정한 증빙자료를 인테리어 시작 단계에서 요청해보자. 일반 영수증으로는 불인정 받을 수 있으므로 증빙서류 요청을 통한 절세를 준비하는 것이 중요하다.

단, 1가구 1주택으로 인해 비과세 혜택고가주택 제외을 받거나 그외 비과세 혜택을 적용받는 경우라면, 부가가치세를 납부하지 않는 것이 비용 절감 차원에서 유리하다. 또한 경비로 인정받을 수 없는 수익적 지출 항목으로 인테리어를 한다면 부가가치세 미납부를 통해 예산을 절감하는 것이 더 유리하다. 따라서, 사전 검토를 통해 자신의 상황에 따라 부가가치세 납부 유무를 최종 결정해보자.

아파트 매도의 기술

06

(5단계)
업체 선정과 계약서 작성 시
유의사항

최종 업체 선정방법

견적서의 내용이나 비용 뿐만 아니라 부가가치세 납부 유무를 결정했다면 이제는 본격적으로 업체를 선정할 시간이다. 그렇다면 어떤 기준으로 업체를 선정해야 할까? 많은 사람들에게 가장 중요한 기준은 바로 비용일 것이다. 금전적 여유가 있어서 원하는 디자인을 바탕으로 최고의 자재를 활용한 인테리어를 한다면 더할 나위 없이 좋겠지만 실제 비용에 관계없이 진행하는 경우는 흔치 않을 것이다. 먼저 가격을 고려한 후 가격 차이가 유사한 수준이라면 다른 조건을 추가 검토하여 업체를 선정해야 한다.

첫째, 내가 보유한 아파트에 대한 인테리어 경험이다. 해당 아파트에 대한 이해도는 작업을 수월하게 진행하는데 중요한 요소로 작용한다. 인테리어 공사중에서 예상치 못한 변수가 발생하여 기간 지연이나 비용 증액이 발생한다면 고객 입장에서는 가장 성가신 일이다. 해당 업체가 기존 공사 경험으로 인해 아파트의 고질적 결함이나 문제를 인지하고 있다면 손쉽게 대응이 가능하다. 따라서, 충분한 경험이 있는 업체를 선정하는 것이 중요하다.

둘째, 업체의 월별 작업 건수를 확인하는 것이다. 계약하려는 업체가 단기간에 많은 일이 몰려 있다면 내 집 공사에 온전히 집중하지 못할 가능성이 크다. 업체와 손발을 맞췄던 작업자가 다른 현장에 투입된다면 작업 능력이 검증되지 않은 작업자가 내 집 인테리어를 담당할 수 있다. 물론, 원활하게 마무리 할 가능성도 있지만 동시에 문제가 발생할 가능성도 공존한다. 또한 많은 현장을 진행하고 있다면 업체 대표 혹은 현장 관리자가 자리를 비우는 일이 잦아진다. 그로 인해, 검수가 제대로 되지 않으면서 문제가 발생하거나 일정까지 지연되는 문제를 야기할 수 있다. 결론적으로 너무 한가하거나 바쁜 업체가 아닌 적정 수준의 작업 일정을 유지하는 업체에 의뢰하는 것이 좋다.

셋째, 업체 대표와의 소통 즉, 궁합이 중요하다. 대다수의 업체

아파트 매도의 기술

대표들은 서비스 마인드를 바탕으로 고객과의 상호 조율을 통해 업무를 진행한다. 하지만, 고객의 요구에도 대표 본인의 고집만을 주장하거나, 새로운 제안에 소극적으로 대응하려는 업체도 존재한다. 그래서, 의뢰한 고객이 오히려 불편해지는 상황이 연출되기도 한다. 따라서, 업체에 직접 방문하여 상담을 받으면서 어떤 업체가 더 신뢰가 가고, 고객들의 성향도 잘 파악하는 지 등을 확인하여 진행하는 것이 좋다.

마지막으로, 비용 지불 및 AS 여부이다. 인테리어 업계는 계약금 10~20%를 먼저 지급한 후 공사가 완료되면 잔금을 치르는 구조가 일반적이다. 심지어 작업이 완료되면 전체 금액을 일괄로 받는 업체도 존재한다. 그런데 간혹 계약금을 많이 요청하거나 중도금을 요청하는 업체라면 계약 전에 신중히 생각해보길 권한다. 작업을 진행하기도 전에 많은 돈을 요구한다면 업체 자체의 자금 상황에 문제가 있을 가능성이 높다. 내가 지불한 돈이 기존에 진행했던 다른 집의 자재 대금이나 작업자 일당으로 사용될 수 있기 때문이다. 또한 일처리가 종료되지 않은 상황에서 많은 돈을 지급한다면 작업이 지연되거나 제대로 마무리 되지 않아도 사실상 어찌할 도리가 없다. 이왕이면 AS 처리 후 잔금을 받는 업체가 가장 믿을 수 있는 업체라고 생각하는 것이 소비자 입장에서 현명한 판단이다. 이와 더불어 AS 기간도 가장 길게 제안해주는 업체를 고르는 것이 좋다.

계약서 작성 시 체크포인트

모든 일의 시작은 계약서 작성이라 해도 과언이 아닐 만큼 인테리어에서도 계약서가 갖는 의의는 크다. 계약서는 상호 신뢰의 필수적인 수단일 뿐만 아니라 계약을 보호할 수 있는 최소한의 방어책이기 때문이다. 인테리어에는 수많은 불확실성이 있는 만큼 계약서를 유일하게 믿을 수 있는 안전장치로 간주하고 꼼꼼히 살피어 작성해야 한다.

첫째, 건설업실내건축공사업 등록 업체인지 최종 확인해야 한다. 인테리어를 검색하다보면 최근 각종 피해사례나 하자 등 문제가 있는 글들을 손쉽게 볼 수 있다. 아무리 업체 분위기나 대표 성향 등을 고려하여 선택하더라도 사업체로서의 인테리어 업체를 제대로 판단하지 못한 경향에서 비롯된다. 건설산업기본법 제9조에 따르면 건설업에 등록하려면 기술능력전문기술인 고용, 자본금1.5억, 시설 등에 부합해야 할 뿐만 아니라 금융기관의 보증서까지 기재해야 하는 등 사실상 등록절차가 까다롭다. 특히 1천만 원 이상의 공사를 할 경우 실내건축공사업을 등록하도록 규정하고 있는데, 이를 등록하지 않고 1천만 원 이상의 인테리어를 진행하는 업체는 무면허 불법 업체이다. 무면허 업체와 계약을 하고 공사를 진행한다면 하자에 대한 보증 여부 및 법적 보호도 받기 힘들어진다. 따라서, 계약을 진행하려는 업체의 최종 면허보유 상황을 건설산업지식정보시스템www.kiscon.net에서 확인하는 것이 중요하다.

둘째, 최종 실측을 진행한 이후 계약서를 작성해야 한다. 실측이란 실지로 측량한다는 의미로, 사전에 공간 사이즈 파악이나 집 내부의 상태를 파악하는 것으로 이해하면 된다. 그런데 최소 수백에서 수천만 원의 인테리어를 진행하는 과정에서 인테리어 업체의 실측 없이 견적서만으로 계약하는 사람들이 생각보다 많다. 특히 오래된 건물일수록 도면과 실제 집 상태가 다를 가능성이 크다. 또한, 기존에 가구가 들어가 있는 상황에서 발견되지 못한 문제점이 실측에서 빈번히 발견된다. 그럼에도, 이러한 실측 과정을 생략하고 진행하다 보면 예상치 못했던 문제들이 발생하여 공정 추가로 인한 예산 상승과 시간 지연까지 이어질 수 있다. 따라서, 최종 단계에서는 반드시 실측을 먼저 진행하고 계약서를 작성하도록 하자.

셋째, 구체적인 세부항목 및 일정이 기재된 계약서를 작성해야 한다. 상세한 자재 브랜드와 종류를 계약서 내에 명확히 기재하고, 자재 변경 시 동일가 제품 또는 상위 제품 시공 등 유리한 조건으로 변경할 수 있는 특약을 반드시 삽입하자. 상황에 따라 추가 비용이 발생할 수 있는 항목에 대해서도 사전에 별도로 기재하는 것이 좋다. 또한, 공사의 전체 일정을 알고 관리하고 싶다면 공정표를 계약서에 첨부시키는 것도 좋은 방법이다. 공사 시작일과 완료일을 명시하여 공사 지연을 사전에 예방할 수 있고 공사가 정해진 일정에 따라 제대로 진행되고 있는지 확인할 수 있기 때문이다. 마지막으로 기본 하자가 발생한 경우 언제까지 하자를 처리해줄 것인지 및 AS 보증기한도 명확하게 표기하자.

넷째, 가격 할인을 요청하는 것이다. 최근에는 원자재 값과 인건비 상승으로 최저가를 맞추는 건 어려운 일이 되었다. 그럼에도 단돈 5만 원이라도 할인을 받으면 좋지 않을까? 조금이라도 할인을 받아 비용을 줄이려는 노력이 중요하다. 할인이 불가능한 경우에는 사소한 소품에 대해 서비스를 요청하는 것이 좋다. 없어도 상관없지만 있으면 생각보다 유용한 제품들이 있는데, 방문을 열고 닫을 때 소리를 줄여주는 도어스토퍼자석타입, 스프링타입, 화장실의 수건걸이대 등 사소한 제품이라도 요청해보자.

다섯째, 계약서에 나온 통장을 확인해야 한다. 면허를 보유한 건설업 등록 업체와 진행하는 것이 안전하겠지만 부득이하게 무면허 업체와 인테리어를 진행하는 경우도 비일비재하다. 대금 지급을 계좌이체 방식으로 진행하도록 협의하였다면 이왕이면 사업자등록증에 기재된 사업자명의의 통장으로 입금하는 것이 좋다. 개인사업자라면 대표자 개인 명의통장에 입금해야 하며 다른 사람 통장으로 입금을 요청하는 경우라면 반드시 주의해야

아파트 매도의 기술

한다. 비용을 인테리어 종료 후 일괄로 받는 업체라면 큰 걱정이 없겠지만, 선금/중도금/잔금 형태로 나눠 요청하는 업체라면 돈만 받은 후 사라질 가능성도 있는 만큼 반드시 통장의 명의를 확인해 보자.

마지막으로 실내건축·창호 공사 계약서를 사전에 검토하고, 최종 계약서에 도장을 찍어야한다. 생각보다 많은 인테리어 업체에서는 표준계약서 형태와는 달리 자체 계약서를 활용한다. 때로는 계약서 양식도 별도로 없이 견적서나 거래명세서와 같은 형태를 계약서로 갈음하기도 한다. 그런데, 생각보다 구체적인 내용이 명시되어 있지 않을 뿐만 아니라 연체료 및 지체보상금이나 계약 보증 및 위약금 관련 내용이 빠져 있어서 문제가 되기도 한다. 반드시 도장을 찍기 전에 공정거래위원회에서 2018년 제정된 표준약관 제 10079호 "실내건축/창호 공사 계약서"를 확인해보자. 이 내용을 바탕으로 인테리어 업체로부터 계약서 사본을 미리 받아 누락된 부분이 없는지 검토한 후 계약서를 작성하는 것이 중요하다.

실내건축·창호 공사 표준계약서

공정거래위원회

표준약관 제10079호
(2018. 3. 21. 제정)

제1조(목적)

이 계약서는 실내건축·창호 공사를 의뢰한 소비자와 시공업자와 사이에 체결된 공사 계약상의 권리.의무 및 책임에 관한 사항을 규정함을 목적으로 한다.

제2조(계약서 제공.설명 의무)

"시공업자"는 계약체결 시 소비자에게 상호 및 대표자 성명, 영업소재지 주소("소비자"의 불만을 처리할 수 있는 곳의 주소 포함)를 기재한 본 계약서, 공사면허 등을 소비자에게 제공하고 다음 각 호의 규정을 "소비자"가 이해할 수 있도록 설명하여야 한다.

   1. 시공장소 및 공사일정
   2. 공사비(계약금, 중도금, 잔금) 및 지급방법
   3. 공사의 범위 및 공사의 내역
   4. 연체료 및 지체보상금
   5. 계약보증 및 해제, 위약금
   6. 공사의 변경, 양도양수, 하자보수

제3조(계약내용)

① **시공장소 :**

② **공사일정 : 착공일**   .   . 부터 **공사완료일**   .   . (일간)
   ※ 단, 아파트 입주예정일 지연 등 부득이한 사정이 발생한 경우 "소비자"와 "시공업자"는 합의하여 공사 완공일자를 조정 할 수 있다.

- 1 -

도표 6-10 실내건축· 창호 공사 표준계약서

③ 총 공사금액 :   (부가가치세 포함)

구 분	계약금	중도금				잔 금
금 액						
지급일						

※ 납부계좌번호 :

④ "시공업자"는 제3조제3항의 공사금액을 원자재 가격 상승 등을 이유로 인상할
수 없다.

⑤ 공사의 범위 및 공사의 내역 : "시공업자"는 "소비자"가 쉽게 이해할 수 있도록
소비자에게 공사의 범위와 물량, 시공자재의 제품, 규격 등을 기재한 별도의 내
역서를 제출하여야 한다.

⑥ 창호 공사의 경우에는 시공자재의 제품명(제조사), 제품색상, 유리두께, 유리색상
등을 구체적으로 기재한다.

제4조("시공업자"의 의무)

① "시공업자"는 제3조의 계약내용을 준수하여 공사를 완료하여야 한다.

② "시공업자"는 공사완료 후 당초 설계서에 의한 공사내용이 계약내용과 이상이
없음을 "소비자"에게 확인시켜야 한다.

③ "시공업자"는 제10조 규정에 따라 하자보수의 책임을 진다.

제5조("소비자"의 의무)

① "소비자"는 제3조 제3항의 공사금액을 정해진 기일에 "시공업자"에게 지급하여
야 한다.

② "소비자"는 공사금액을 지급함에 있어 하자가 발견되었을 경우 "소비자"는 하
자의 보수나 하자보수에 갈음하는 금액을 "시공업자"에게 청구할 수 있으며, 이

- 2 -

도표 6-10 실내건축·창호 공사 표준계약서

07

[6단계]
인테리어 공정과
작업 일정

공정의 중요성

계약이 마무리되면 본격적으로 공사의 시작부터 완성까지 일정
을 의미하는 공정을 바탕으로 공정표를 작성하는 일부터 시작된
다. 공정표란 각 공정별 공사의 착수일, 완료일 등 전체의 공정시
기와 공정작업 등 진행도를 파악하기 위하여 작성된 표이다. 쉽
게 생각하면 공사 전 달력과 같은 표에 기재하는 업무 스케줄표
로 이해하면 된다. 일의 진행 과정을 파악하고 업무를 조정하거
나 관리하는데 필수적인 요소인 만큼 반드시 일목요연하고 확실
하게 작성되어야 한다. 그런데, 업체에서 작성하는 공정표지만
인테리어의 주체는 바로 본인 스스로인 만큼, 최소한 공정에 대

해 이해하고 있어야 한다. 그렇다면 공정표를 이해하는 것은 구체적으로 어떤 도움이 될까?

첫째, 공사 진행 과정과 일정을 확인할 수 있다. 인테리어 공정은 매우 유기적이고 체계적인 업무가 서로 조합되어 구성된다. 예를 들어 화장실을 공사를 한다고 생각해보자. 정확히 인테리어를 모르더라도, 물이 샐 가능성을 예방할 방수공사를 먼저 진행하고 그 이후 벽이나 바닥에 타일공사를 하고 최종 세면대나 변기를 설치하는 일이 진행되어야 한다고 생각할 수 있다. 단순히 하나의 과정을 설명하였지만, 전체 공정부터 세부 작업 과정의 순서까지 잘 이해하고 파악해야만 해당 과정에서 무엇을 중점으로 봐야하는지 알 수 있다. 또한 공정표에는 어떤 시공팀이 작업을 하는지 일자별로 기재되어 있다. 그런데 각 과정이 유기적으로 연계되어 있는 만큼, 한 단계라도 일정이 지연되면 전체 공사 일정이 미뤄지거나 시간을 억지로 맞추기 위해 날림 공사로 진행될 가능성이 높아진다. 따라서 일정에 맞게 진행이 되고 있는지 확인할 수 있는 만큼 공정도 이해가 중요하다.

둘째, 중간에 예상치 못한 변수로 인해 발생할 수 있는 비용추가 상황을 사전에 예방할 수 있다. 작업 과정에서 의뢰자의 요구에 따라 공정이나 인테리어 품목을 변경하는 일이 빈번하게 발생한다. 그런데 인테리어 공사에는 절차상 별다른 어려움 없이 처리할 수 있는 작업이 있는데, 이 시기를 지나 새로운 업무조정이나 변경을 요청하면 추가적인 비용이 발생할 수 있다. 예를 들면 전기팀의 작업 일정에서 콘센트를 추가하거나 전등 위치를 변경한다면 큰 무리없이 작업이 가능하다. 하지만 전기팀이 철수한 후 변경을 요청한다면 작업자가 다시 와서 일을 해야 하는 만큼 추가 시간과 비용이 들어간다. 따라서, 인테리어 작업 과정 중 변경 사항이 발생한다면 공정표를 확인하고 3-4일 전에 미리 요청하는 것이 좋다.

셋째, 인테리어 업체의 실력을 파악할 수 있다. 인테리어 공정시 같이 하면 상극인 업무가 존재한다. 도배나 필름작업은 깨끗해야 하는 작업으로 먼지와 상극이다. 그런데 먼지가 발생할 수 있는 목공이나 타일공사와 겹쳐서 일정을 잡았다면 아무래도 추후 하자가 발생할 가능성이 높아진다. 또한 도배와 마루 역시도 상극이다. 두 공정을 같은 날에 하면 자재를 집 안에 보관하는 것부터 작업자들의 동선 겹침으로 인해 문제가 발생한다. 이런 기본적인 상식도 모르고 공정 일정을 잡는 업체와 일을 하게 된다면 작업 과정에서 험난한 길을 갈 수 있음을 감안해야 할 것이다.

아파트 매도의 기술

공정별 작업 내용과 작업 일정

공정표의 중요성을 이해했다면 공정표에서 표기되어 있는 과정이 무엇을 의미하는지 이해해야 한다. 특히 인테리어 일정은 작업에 필요한 절대 소요시간이 있다. 그런데, 일반적 소요시간보다 단축하여 계획한다면 부실공사와 하자로 이어질 수 있다. 또한, 일반적인 소요시간보다 과도하게 길체 책정된다면 인건비 상승에 따라 전체 비용 증가와 더불어 시간 역시 지체될 수 있다. 그러므로 각 단계별 작업 내용, 작업 일정 그리고 예상 소요시간을 아는 것이 매우 중요하다.

<도표 6-11>의 업무별 일정은 30평대 전체 수리 기준의 일정이다. 물론 업체에 따라 특정 작업별로 소요시간을 더 길게 책정하는 경우가 있는 반면 단기간에 마무리하는 업체도 존재한다. 이는 해당 일정에 인원을 몇 명으로 작업을 수행하느냐에 따라 달라지기도 하고 인테리어 업체별 고유의 작업 방식일 수 있다. 따라서, 일부 차이가 날 수 있음을 감안하여 본인의 일정과 비교해보는 것이 좋다.

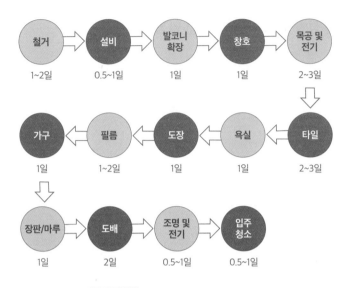

철거 → 설비 → 발코니 확장 → 창호 → 목공 및 전기
1~2일   0.5~1일   1일   1일   2~3일

가구 ← 필름 ← 도장 ← 욕실 ← 타일
1일   1~2일   1일   1일   2~3일

장판/마루 → 도배 → 조명 및 전기 → 입주 청소
1일   2일   0.5~1일   0.5~1일

도표 6-11 인테리어 작업 및 일정별 시간

① 철거작업 : 1~2일

철거작업은 천정, 벽체, 주방가구, 신발장, 창호, 욕실, 문틀, 장판, 발코니, 타일 등 집 내부에 사용하지 않은 모든 제품을 다 뜯어내서 폐기하는 일이다. 보통 1일 정도면 철거부터 폐기물까지 처리가 가능하나 난방이나 배관 교체, 발코니 확장과 같이 철거해야 할 일이 많다면 하루 더 걸릴 수 있다. 특히 확장공사를 위해 벽을 허물거나 각종 타일 그리고 바닥재를 철거하는 경우에는 기계를 이용하여 철거작업을 하기 때문에 소음이나 진동이 가장 많이 발생한다. 입주민들의 민원을 예방하고 원만한 작업

아파트 매도의 기술

이 진행되기 위하여 공사안내문과 더불어 주변 가정에 음료와 다과를 제공한다면 센스있는 주인으로 인정받을 수 있다.

2 설비작업 : 0.5~1일

모든 철거 작업이 마무리된 후에 진행되는 설비작업은 배관, 난방, 누수, 방수 등 주로 물과 연관된 일이다. 그로 인해 물이 주로 사용되는 거실, 욕실, 부엌, 발코니 등 집의 주요 위치에서 작업이 이뤄진다. 발코니에서는 세탁기나 건조기가 위치해야 하는 만큼, 냉온수 수도가 설치되어 수행된다. 배수관이 있는지 여부를 확인하고 필요 시 설치하는 작업이 수행된다. 욕실에서는 노후 배관을 교체하거나 배관 위치를 변경하고 방수작업과 더불어 미장작업시멘트작업이 수행된다. 일반적으로 철거와 설비를 동시에 하는 업체라면 시간이 단축될 수 있지만, 서로 다른 업체가 각각 작업을 수행한다면 반나절에서 하루 정도 소요된다. 설비작업은 작업 후 모든 작업물이 바닥 내부 또는 벽속으로 감춰지는 만큼 매우 꼼꼼하게 업무가 진행되어야 한다.

3 발코니 확장 작업 : 1일

발코니 확장 작업은 기존 창호로 인해 단절되어 있던 거실과 발코니를 하나로 통합하여 확장하는 일이다. 기존 구축 아파트의 단점을 보완하기 위해 주로 진행되는 작업으로 확장을 통해 넓은 주거 공간을 확보할 수 있고 채광이 좋아지며 청소가 쉬워진 다는 장점을 얻을 수 있다.

기존 창호와 발코니 바닥이 철거되면 확장할 발코니 부분에 난방을 넣기 위하여 거실의 콘크리트 바닥에서부터 배관 연장작 업을 수행한다. 그 이후, 미장벽이나 바닥 등에 시멘트를 바르는 일 작업을 통해 발코니의 높이와 거실의 바닥 높이를 맞추는 평탄화 작업으로 마무리된다. 발코니 확장 작업은 보통 하루 정도면 충분히 마무리 된다. 단, 확장 공사 후 새롭게 작업된 시멘트 구조물 안쪽까지 습기가 제거되고 마르는 시간은 대략 1주일 이상 소요된다. 특히 겨울에는 더 천천히 마르므로 2주정도 소요되기도 한다. 따라서 발코니 확장 공사가 완료된 이후 대략 1~2주일 뒤에 마루/장판 작업을 진행하는 것이 좋다.

4 창호 작업 : 1일

창호는 일명 샷시라고 불리며 창틀과 창문에 시공하는 제품을 의미한다. 주로 목재로 창틀을 만들며 유리를 넣은 목창호, 가정용에서 가장 많이 사용되는 플라스틱 소재의 PVC 창호, 오래된 구축 아파트에서 쉽게 볼 수 있는 알루미늄 창호로 구성된다. 창호는 보온성과 소음 차단에 밀접한 연관이 있는 만큼, 삶의 질에 영향을 줄 수 있는 제품이다. 창호 작업은 현장 실측 후 집에 맞는 제품을 주문하는 방식이기 때문에 창호 세작 업체에서 제작하는데까지 평균 1주일 정도 소요된다. 제품이 완성되어 집으로 배송되면, 난이도가 있는 작업이 아닌 만큼 하루 안에 설치가 마무리 된다.

5 목공 및 전기 작업 : 2~3일

목공木工 작업이란 한자에서도 알 수 있듯이 나무를 가지고 집의 가구나 물건을 만드는 일이다. 목공 작업만 잘 되어도 공사의 50%는 끝났다고 할 수 있는 만큼 인테리어 작업의 꽃이자 인테리어의 핵심이라고 불리기도 한다. 그만큼 인테리어 현장에 오는 목공 작업자의 실력에 따라 결과가 크게 좌우될 수 있는 분야가 바로 목공 작업이다. 이 작업에서는 천장 조명 프레임 제작, 천장 몰딩 작업, 걸레받이 제작, 현관 파티션이나 중문, 목창호門 등 다양한 일이 포함된다.

전기 작업이란 전기 배선과 전기 사용과 관련된 일로, 조명을 연결하기 위한 배선 작업과 콘센트와 스위치를 설치하는 작업으로 이루어진다. 전기 작업은 목공이나 벽이 완성되어야 작업이 가능하고 배선을 위해 뚫은 구멍을 막는 과정이 연계되는 만큼 목공 작업에 이어서 진행한다. 부엌 후드나 욕실 환풍기 배선 그리고 인터폰 교체나 보일러 컨트롤러와 같이 노후화됨에 따라, 교체가 필요한 설비 작업 역시 전기 작업에 해당된다. 두 공정은 목공의 종류와 전기 작업 종류에 따라 달라지지만, 보통 2~3일이면 마무리 된다.

6 **타일 작업 : 2일~3일**줄눈 시 +1일

타일 작업이란 욕실 벽면과 바닥, 현관, 발코니 및 주방 벽 등에 타일을 붙이는 일을 말한다. 타일 작업은 크게 철거 시공과 덧방 시공으로 나눠진다. 먼저 철거 시공은 기존에 있던 타일 전체를 철거하고 새로운 타일을 붙여 시공하는 방법으로 모든 구조물을 제거하고 새롭게 설치하기 때문에 구조 변경과 더불어 깔끔하게 마감할 수 있는 시공법이다. 반면 덧방 시공이란 기존에 붙어있던 타일을 철거하지 않고 그 위에 타일을 덧붙여 시공하는 방법으로, 기존 타일을 철거하지 않아 공사시간이 단축된다. 일반적으로 덧방 시공으로 하는 경우에는 2일이면 작업이 가능하고 철거 시공은 3일 정도 소요된다. 만약 추가로 욕실에 물때와 곰팡이가 발생하는 것을 방지하기 위해 줄눈 작업타일메지 작업을 진행한다면 하루 정도 더 소요된다.

7 **욕실 설비 작업 : 1일**

욕실 설비 작업이란 타일이 시공된 욕실에 각종 설비를 설치하는 일이다. 욕실 세면대 → 도기양변기 → 세면대 → 코너 선반 → 젠다이욕실선반 → 욕실장 순으로 설치된다. 욕실 작업에서 작업시간을 결정하는 요인은 젠다이 설치 방식에 따라 좌우된다. 세면대나 양변기 근처에 욕실용품을 올려둘 수 있는 공간을 젠다이라고 히논데, 센다이 작업 방식은 설치형 방식과 조적형 방식으

318 아파트 매도의 기술

로 구분할 수 있다. 설치형 방식은 벽에 고정 장치피스를 박아 젠다이를 고정하는 형태로 비용이 저렴하고 간편하게 시공할 수 있는 특징이 있다. 반면, 조적형 방식은 벽돌을 쌓아 만든 선반 형태이기 때문에 작업 시간과 비용이 설치형 방식보다 더 소요된다. 하지만 벽돌을 쌓은 뒤 작업이 이뤄지는 만큼 배관을 숨겨 작업이 가능하고 깔끔하게 마감되는 특징이 있다. 욕실이 2칸이더라도 동시에 작업이 가능하므로 하루면 충분히 마무리 된다.

8 도장 작업 : 1일

도장 작업이란 벽에 페인트를 칠하는 일을 말한다. 작업이 필요한 부분에 원하는 색상이나 광택을 주어 세련된 분위기를 연출할 수 있는 장점이 있다. 하지만, 페인트 작업 전에 밑 작업이 많이 선행되어야 한다. 목공 작업한 부분이나 벽에 홈과 같은 움푹 파인 곳 없이 매끈해야만 페인트 작업이 잘 될 수 있기 때문에 벽면을 메꾸는 작업이 필요하다. 틈새를 메우고 벽면을 평탄하게 만들기 위한 퍼티라는 제품을 벽에 바르는 작업이나 표면을 매끄럽게 하는 샌딩 작업사포질작업을 하는 경우에는 도배보다 비용이나 시간이 더 많이 소요된다. 이러한 작업 과정이 증가하고 비용이 올라가는 만큼, 가정에서는 절연전기나 열이 통하지 않게 하는 일이나 방열열에 의한 피해를 방지하는 일을 위해 발코니에만 제한적으로 작업이 이루어진다. 최근에는 도장과 더불어 결로 방지 및 화재 위험 감소에 도움이 되는 세라믹 소재의 탄성코트고무와 아크릴 성분으로 이루어진 페인

ㅌ 작업을 같이 진행하는데 하루면 전체 도장 작업이 가능하다.

9 필름 작업 : 1일 ~ 2일

인테리어에서 필름이란 PVC염화비닐수지 재질을 코팅으로 마감한 시트지로, 벽지나 가구에 부착하는 마감재로 활용된다. 특히 필름 작업은 벽지나 도장에 비해 관리가 쉬울 뿐만 아니라 오염되어도 닦아주면 깔끔하게 청소가 되는 장점이 있다. 현관방화문, 중문, 신발장, 방문, 욕실문, 몰딩, 걸레받이, 싱크대, 붙박이장 등 다양한 곳에 사용된다.

필름 작업은 필름을 붙이기 전에 사전 작업이 선행되어야 한다. 면상태가 좋지 않은 부분에 구멍이나 단차 등을 메워 평탄하게 만드는 퍼터작업이나 샌딩기표면을 매끄럽게 갈아내는 공구를 통해 면을 매끄럽게 하는 작업을 추가로 해야 한다. 그 이후 먼지나 이물질 제거가 완료되면 프라이머라고 불리는 접착제를 바른 후 필름을 붙이게 된다. 그 이후, 필름이 들뜨고 우는 상황을 방지하기 위하여 헤라라는 도구를 이용하여 기포를 제거해야 하며 굴곡이 지는 경우 헤어드라이기의 열을 이용해 부착하는 과정이 필요하다. 세심한 작업이 필요한 만큼 보통 1일에서 2일 사이의 시간이 소요된다.

아파트 매도의 기술

10 **가구 작업 : 1일**

가구 작업이란 주방가구, 신발장, 붙박이장, 냉장고장 등을 설치하는 작업이다. 공사가 시작되면 현장에서 가구가 설치될 부분에 대해 사이즈를 확인하여 맞춤제작이 들어간다. 이렇게 제작된 가구를 설치하면 되는데, 요청한대로 가구가 납품된다면 보통 하루에 모든 설치가 가능하다.

11 **장판/마루 작업 : 1일**

장판/마루 작업이란 집에서 가장 넓은 면적을 차지하는 바닥에 장판이나 마루 자재를 설치하는 일이다. 장판은 PVC 재질의 바닥재를 의미하는데, 단단하고 내구성이 좋은 소재로 다양한 두께와 제품이 생산되어 대중적으로 많이 사용된다. 롤 형태로 둥글게 말려서 납품되는 장판은 설치시 바닥 크기에 맞게 자른 다음 고정하는 과정을 거쳐 작업이 진행되는 만큼 시공이 간편하다. 반면 마루는 합판이나 원목을 이어 붙인 바닥재로 제작 방식에 따라 강마루합판을 겹겹이 붙여서 만든 마루와 강화마루고운 톱밥가루를 압축해서 만든 마루로 나눠진다. 마루는 바닥에 접착제를 발라 마루 조각을 하나씩 이어 붙여 완성하는 방식이기 때문에 장판 작업 대비 시간과 노력이 더욱 요구된다. 그럼에도 마루 작업은 보통 하루면 작업이 가능하다.

단, 바닥재를 장판으로 설치하는지, 마루로 선택하는지에 따라 작업 일정 순서가 달라진다. 장판 작업일 경우에는 보통 걸레받이_{걸레질 할 때 바닥재와 벽면에 오염이나 손상을 방지해주는 몰딩 자재}를 별도로 설치하지 않고, 장판 끝부분을 꺾어 올리거나 굽도리라고 불리는 테이프를 걸레받이 대용으로 사용한다. 도배지 위로 장판 작업이 진행되는 만큼, 도배 작업 이후 장판을 설치하는 순서로 진행한다. 반면 마루 작업은 걸레받이를 별도 설치한다. 보통 깔끔한 마감을 위해 걸레받이를 먼저 설치한 후, 도배 작업 및 벽지를 불로 태워 마감하는 순서가 일반적이다. 물론 상황에 따라 어쩔 수 없이 도배 작업을 먼저 하고 걸레받이를 부착하는 경우가 발생하기도 한다. 이 경우 도배지로 덮어야 하는 부분을 실리콘으로 마감하기도 하는데, 상대적으로 깔끔하지 못하고 실리콘이 변색되거나 터지는 경우가 발생할 수 있다.

12 도배 작업 : 2일_{퍼티 작업이 많이 필요한 경우 +1일}

도배 작업이란 벽지를 벽에 붙이는 일을 말한다. 도배 작업에는 덧방 시공과 제거 후 시공 두 가지 방법이 있다. 덧방 시공이란 기존에 벽에 붙어 있던 도배지를 제거하지 않거나 겉지만 뜯어내고 그 위에 도배지를 붙이는 작업이다. 일반적으로 실크벽지는 PVC 마감재질의 코팅이 되어 있어서 실크벽지 위에는 덧방이 사실상 불가능하고, 종이 벽지인 합지 벽지로 되어 있는 집에서만 덧방이 가능하다. 전체 제거 후 새롭게 도배를 하는 경우보다 비용이 저렴하기 때문에 잠시 거주하다가 이사 갈 계획이 있거나 세입자용 집에서 주로 시공된다.

다른 방법은 기존 도배지를 제거하고 새롭게 붙이는 방법이다. 도배지를 제거하고 나면 아파트에 따라 벽면 상태가 양호하여 도배가 바로 가능한 반면, 오래된 아파트는 벽면의 상태가 거칠거나 단차가 있어 바로 도배가 불가능한 경우도 있다. 또한 기존 도배지가 붙어 있던 부위를 완벽히 제거하는 것이 사실상 어렵기 때문에 벽면에 도배지 잔여 흔적이나 거친 면에 보완 작업이 때로는 필요하다. 이러한 문제를 해결하고 최대한 벽면을 매끄럽게 하기 위하여 퍼티 작업이라고 불리는 평탄화 작업을 하거나 부직포, 운용지, 네바리 또는 삼중지라고 불리는 종이로 보완 작업을 수행한다. 이러한 사전 과정을 초배 작업이라고 하는데 현장 상황에 따라 맞춰 필요한 경우 진행한다.

초배 작업이 완료되고 잘 마른 후 본격적인 도배 작업인 정배 작업을 진행한다. 정배 작업은 벽지를 선택할 때 골랐던 합지 벽지나 실크 벽지를 붙이는 작업으로 집 내부에 부착되어 있는 벽지 모습은 바로 정배작업을 완료한 모습이다. 합지 벽지는 벽면에 직접 시공이 가능하지만 실크 벽지는 부직포 작업을 진행하고 그 위에 벽지를 붙여야 하기 때문에 시간이 조금 더 걸린다. 그럼에도 보통 2일 내외면 가능하다. 퍼티 작업과 같은 보완 작업이 많이 필요한 경우라면 최대 3일 정도 시간이 소요된다.

13 조명 및 전기 연결 : 0.5일~1일

인테리어 공사의 마무리는 바로 조명 공사이다. 조명은 집안 전체의 분위기를 살려주고, 벽이나 장식품을 돋보이게 하는 핵심적인 요소이다. 새로운 가구와 더불어 도배/장판 등의 공사로 깔끔해진 이후 전기배선 작업을 통해 예정된 위치에 조명만 연결하면 사실상 마무리 된다. 조명 및 마무리 전기 작업은 반나절에서 하루면 작업이 가능하다.

14 입주 청소 : 0.5일 ~ 1일

모든 인테리어 작업이 마무리되면 입주 청소를 진행한다. 인테리어 공사를 진행하면서 발생한 각종 시멘트 가루, 먼지, 보양지 등이 집 곳곳에 그대로 남아있기 있기 때문에 청소하는 과정이 필요하다. 보통 3명 내외의 인원이 팀을 구성하여 청소작업이 시작되면 반나절에서 하루면 가능하다.

아파트 매도의 기술

08

(7단계)
하자 확인 후 AS 요청과
잔금 처리하기

인테리어 하자 확인

인테리어를 작업한 이후 완벽한 결과물로 마무리되면 좋겠지만, 인테리어를 하다보면 사소한 하자라도 발생한다. 어떠한 이유든 하자가 발견되면 신속하게 대응해야 한다. 작업 공정이나 위치별 발생한 하자가 있다면 추후 혹시 모르게 발생할 수 있는 법적 문제에 대비하기 위하여 사진이나 동영상을 촬영하는 것이 좋다. 그 이후 리스트를 정리하여 인테리어 업체에 바로 AS를 요청하고, 포스트잇으로 해당 위치에 붙여서 무엇이 잘못되었는지 확인하도록 하면 유용하다. 사소하고 작은 부분이더라도 추후 큰 문제가 발생할 수 있으므로 처음에 바로 잡는 노력이 필요하다.

ⓥ 발코니 확장 시, 하자 확인

발코니 확장 작업은 기존 거실과 발코니였던 공간을 하나의 공간으로 만드는 과정인 만큼, 바닥의 평탄한 정도를 반드시 체크해야 한다. 특히, 조금이나마 단차가 발생한다면 실생활에서 지속적으로 불편함을 주는 만큼 주의가 필요하다. 또한 기존 발코니 공간에 새롭게 난방배관이 설치되는 만큼 해당 위치에 난방이 제대로 들어가는지 역시 살펴봐야 한다. 더운 여름날이라도 반드시 난방을 작동시켜서 확인해보자.

ⓥ 창호 교체 시, 하자 확인

창호에서 흔하게 발생하는 하자는 창틀이나 창에 발생하는 실리콘 접착 불량이다. 각 위치에 설치된 창호와 벽 사이의 실리콘이 제대로 작업되어 있지 않으면 누수나 파손이 발생할 수 있다. 또한 기본적으로 유리에 금이 가거나 깨진 부분이 없는지 살펴보고, 창호 자체에 휘어진 부분이 없는지도 점검해야 한다. 새 제품의 창호이기 때문에 문을 열고 닫아보면서 틀 아래 레인이나 롤러 문제가 없는지 살펴보자. 혹시라도 유리 사이가 뿌옇게 되어 있다면 단열이나 난방 효율에 문제가 발생할 수 있으므로, 유리의 투명도 역시 확인해보자.

아파트 매도의 기술

⊘ 목공 작업 시, 하자 확인

목공 작업은 인테리어의 뼈대를 만드는 작업인 만큼 가장 신중하게 확인해야 한다. 먼저 작업물의 좌우/수직/수평의 균형이 맞는지 여부와 사이즈 역시 오차가 없는지 확인해야 한다. 몇 mm 차이에 따라 문이 안 닫히거나 단차나 틈 그리고 뒤틀림이 발생하여 생활하는데 큰 불편을 줄 수 있다. 또한 타공구멍을 뚫는일 역시 확인해야 한다. 천장 매립 등을 시공할 경우 구멍 크기나 개수 그리고 위치가 올바른지 살펴보자. 반드시 목공 작업 기간 내 하자를 발견하겠다는 마음가짐이 필요한 분야가 바로 목공 작업이다. 제때 하자를 확인하지 못하고 문제로 이어진다면 문의 설치나 벽지, 조명/타일 등 향후 진행되는 모든 작업에 영향을 끼칠 수 있다는 점을 반드시 기억해야 한다.

⊘ 타일 작업 시, 하자 확인

타일 작업 역시 목공 작업 못지않게 현장에서 검수하면서 진행해야 하는 작업이다. 부착이 완료되면 제거가 까다로울 뿐만 아니라 부분 철거 시 좌우 타일까지 손상된다면 대공사로 이어질 수 있다. 그러므로 초기 작업 과정에서부터 신경 써야 한다. 타일의 파손이나 스크래치 부분은 없는지, 지워지지 않는 오염이 있거나 접착력이 약해 떨어질 것 같은 부분이 있는지도 확인해야 한다. 특히 타일간의 높이가 균일하게 붙어 있는지 살펴보자.

⊘ 욕실 작업 시, 하자 확인

욕실은 하루 중 가장 많이 쓰는 공간 중 하나이기 때문에 사용상 불편함이 없어야 한다. 특히 물과 관련하여 문제가 없어야 하기 때문에 수도에서 배수구 방향으로 경사가 잘 이루어졌는지 물을 틀어 확인할 필요가 있다. 욕조와 세면대 쪽은 물이 잘 빠지는지, 배수 상태가 원활한지 살펴야 한다. 또한 타일을 손으로 두드려보거나 그 위를 걸어보는 방식으로 들뜸 상태도 파악해야 한다. 도기변기, 세면대에 부착된 시멘트나 실리콘을 확인해야 하는데, 시멘트가 균일하게 발라지지 않으면 변기가 한쪽으로 쏠려 깨지는 경우가 발생하는 만큼 철저한 확인이 필요하다.

⊘ 도배 작업 시, 하자 확인

도배는 집의 첫인상을 나타내는데 대단히 중요한 작업이다. 집에서 가장 큰 비중을 차지하는 만큼 세심하게 확인해야 한다. 절단 상태나 면 상태가 양호한지 도배지의 접착이 떨어져 있는지 확인해야 한다. 또한 도배지가 연결되는 이음매 부분이 벌어지거나 겹쳐지는지 역시 살펴봐야 한다. 단, 시공 초반에는 들뜸과 기포가 생길 수 있지만 시간이 지나고 도배용 풀이 마르면서 기포나 들뜸이 사라지는 경우가 많다. 따라서 2~3일 정도의 시간을 두고 하자 여부를 확인하는 것이 좋다.

⊘ 장판/마루 작업 시, 하자 확인

장판과 마루에 따라 하자 확인 사항이 다소 다르다. 먼저 장판은 이어 붙인 이음매 부분이 들뜨거나 벌어지지 않았는지 살펴봐야 한다. 또한 걸레받이와 연결된 부분에 실리콘 처리가 잘 되었는지 눈여겨 봐야 한다. 실리콘 작업 시 이물질을 제거하지 않거나 불규칙하게 처리하면 문제가 발생하기 때문이다. 또한 장판 간 색상이 동일한지 확인해야 하는데, 같은 제품이더라도 제작 시기나 보관 방법에 따라 색상이 미묘하게 다를 수 있기 때문이다. 들뜸이 없는지 살펴보고 바닥의 이물질 미제거로 인해 돌멩이가 있는지 확인해야 한다. 반면 마루라면 찍힌 자국이나 스크래치가 있는지 살펴봐야 한다. 두들겨 보면서 들뜸이 없는지 확인해야 하며 단차로 인한 문제가 없는지 점검해야 한다.

⊘ 문 작업 시, 하자 확인

문의 하자 원인은 목공 작업을 세밀하게 하지 않아서 문틈이 벌어져 있거나 한쪽 방향으로 기울어져 있는 경우이다. 또한 문짝이 틀어져 있거나 문틀 대비 낮게 설치되어 있어서, 문이 제대로 닫히지 않는 경우도 해당된다. 때로는 경첩 문제로 인해 문을 열고 닫을 때마다 삐걱거리는 소리가 발생할 수 있다. 이와 더불어, 문 표면을 필름을 이용해서 마감하는 경우 문제가 발생할 수 있다. 간혹 필름이 벗겨지거나 문과 필름 사이에 공기가 들어가서 외간상 좋지 않은 기포가 발생하기도 한다. 또한 필름을 자르는 과정에서 발생하는 사이즈 오류로 인한 문제가 발생하는 만큼 꼼꼼히 살펴보자.

A/S 요청과 잔금 처리

하자를 점검한 후 보수사항이 발생하면 A/S가 신속하게 될 수 있도록 최대한 빠르게 업체에 알리는 것이 중요하다. 단, 하자가 발생하자마자 업체의 실수로 단정하여 공격적인 A/S 요청은 금물이다. 하자 기준은 인테리어 업체와 소비자 사이에 다를 수밖에 없어서 분쟁이 빈번하게 발생한다. 미관상 어느 수준까지 하자로 판단할 것인가에 대해 이견이 존재하기 때문이다. 그럼에도, 소비자에게는 A/S를 통해 인테리어가 잘 마무리되는 것이 가장 중요한 만큼, 최종 하자보수가 될 때까지 상호 좋은 관계로 남는 것이 좋다.

이런 절차를 거쳐 하자가 처리된 이후에 인테리어 비용을 지급해야 한다. 인테리어가 다 끝나고 잔금까지 치른 상황에서 하자가 발견되면 하자 보수를 요청하기 어려울 뿐만 아니라, 업체에서 하자를 해결해 주지 않는 경우 역시 빈번하게 발생한다. 이러한 상황으로 인해 분쟁이나 소송으로 이어질 수 있는 만큼, 예방 차원에서라도 반드시 하자가 해결된 이후 비용을 지급해보자.

아파트 매도의 기술

인덱스

숫자

1가구 1주택 비과세 236

1대1 재건축 54

5단계의 부동산 사이클 모습 97

ㄱ

가구 작업 320

감가 54

강마루 321

강화마루 321

개별 지역 거래 현황 분석 174

개별 지역 매수우위지수 분석 163

거래 가능 매물 분석 216

개별 지역 미분양 현황 182

거래량 분석 166

거래량 파악 방법 171

거래량의 한계 213

건설산업지식정보시스템 305

견적서 비교 리스트 293

계약갱신청구권 43

고분양가로 인한 미분양 178

고점 안전마진 222

공급량 파악 방법 190

기대수익률 59

깡통전세 206

ㄷ

다주택 상속 시 상속 주택 판단 기준 250

단순 노출효과 28

대한민국 7차 사이클별 진행기간 86

도배 작업 322

도장 작업 319

ㄹ

로우리스크-로우리턴 58

로우엔드Low-End 업체 284

ㅁ

매매 날짜에 따른 재산세 납부 대상 260

매매 가격지수 48

매수우위지수 분석 159

목공 작업 317

미들엔드Middle-End 업체 283

미분양 발생 원인 177

미분양 분석 176

미분양 파악 방법 180

미장 작업 315

ㅂ

발코니 확장 작업 315

부동산 사이클이란 75

부증성 54

분양권 전매 130

비선호지역 공급으로 인한 미분양 179

비율 안전마진 221

ㅅ

사이클 단계별 심리 변화 147

사이클 변화로 인한 미분양 177

사후 확신 편향 23

상속으로 인한 일시적 1가구 2주택 247

상승기의 부동산 7요소 113

상승기의 흐름 108

상승장과 하락장의 상반된 반응 146

상승장에서의 사회적 분위기 92

상승장의 갭투자 구조 111

상승장의 거래량 변화 요인 169

샌딩 작업 319

설비 작업 315

성공적인 매도를 할 수 있는 침체기 142

소유효과 28

손실률 46

손실복구율 45

손절 124

손절 기준 설정 방법 125

수요량 파악 방법 188

수요와 공급 분석 187

수익 범위별 행동 방법 62

실거래가의 한계 212

실내건축/창호 공사 계약서 308

심리를 측정하는 매수우위지수 160

ㅇ

안전마진 분석 218

안전진단 52

안정회복기의 부동산 7요소 108

안정회복기의 흐름 104

양도소득세 기본세율 230

역대 부동산 정책 86

역전세 100

욕실 설비 작업 318

용적률 53

워렌 버핏 투자 규칙 60

익절 122

인테리어 8단계 과정 268

인테리어 업체 종류별 장단점 282

인테리어 예산 272

인테리어 예산 수립 271

인테리어 우선순위 273, 275

인테리어 작업 및 일정별 시간

인테리어 컨셉 276

인테리어 하자 확인 325

일반 투자자와 투자 고수의 심리

일반주거지역 53

일시적 1가구 2주택 양도소득세

입주 청소 324

ㅈ

장기보유특별공제 239

장기보유특별공제율 241

장판/마루 작업 321

전국 매수우위지수 분석 160

전국 미분양 현황 180

아파트 매도의 기술

전기 작업 317

전세가가 매매가를 밀어올리는 상승기
　모습 110

전세가율 변동에 따른 개별매물 분석
　201

전세가율 분석 198

전체 부동산 거래 현황 분석 171

주택매매 가격증감률 83

준공 후 미분양 현황 184

증여세 기본세율 254

지역별/평형별 불균형에 따른 미분양 179

ㅊ

차액 안전마진 220

창호 작업 316

철거 작업 314

초과 공급으로 인한 미분양 177

침체기의 부동산 7요소 121

침체기의 흐름 119

ㅌ

타일 작업 317

투자가치 차원에서의 전세가율 200

투자자 등급 14

투자자의 5단계 등급 17

특수관계인 매도 253

ㅍ

폭등기의 부동산 7요소 118

폭등기의 흐름 114

필름 작업 320

ㅎ

하락기 초기에 적극적으로 매도할 타이
　밍 123

하락기의 부동산 7요소 103

하락기의 흐름 97

하락장에서의 사회적 분위기 92

하락장의 거래량 변화 요인 167

하워드 막스 77

하이리스크-하이리턴 58

하이엔드High-End 업체 283

합산과세 기준 229

향후 누적 공급량 분석 196

현장 실측 288

호가 방향성과 거래 가능 매물 211

혼인으로 인한 일시적 1가구 2주택 245

후행지표 161

MEMO

MEMO

MEMO